Das Feigenblatt und die Geschlechtlichkeit des Lebendigen

AF206840

Ulrich Kattmann

Das Feigenblatt und die Geschlechtlichkeit des Lebendigen

Geschichten aus der Biologiedidaktik

Bibliografische Information der Deutschen Nationalbibliothek:
Die Deutsche Nationalbibliothek verzeichnet diese Publikation in der Deutschen Nationalbibliografie, detaillierte bibliografische Daten sind im Internet über http://dnb.dnb.de abrufbar.

© 2017 Ulrich Kattmann

Herstellung und Verlag: BoD – Books on Demand, Norderstedt

ISBN: 978-3-7460-3564-2

Inhalt

Der Anlass

Den Anstoß, meine Erinnerungen zur Entwicklung der Biologiedidaktik aufzuschreiben, gab die Internationale Tagung der Fachsektion der Didaktik der Biologie 2017 in Halle an der Saale. Der Tagungsleiter, *Martin Lindner*, lud mich im Namen des Vorstands der Sektion ein, auf dem Gesellschaftsabend etwas Launiges und Informatives zur Geschichte der Biologiedidaktik zu sagen.
Jahre zuvor, im September 2012, hatte der Gießener Kollege, *Karl-Heinz Berck*, mir geschrieben, ich möge doch bitte eine Geschichte der Biologiedidaktik schreiben, die jüngeren Kolleginnen und Kollegen wüssten gar nicht mehr, wie wir, die Älteren, um die Etablierung des Faches haben kämpfen müssen. *Berck* gehörte bereits zu den führenden Professoren, als meine biologiedidaktische Karriere begann. Ich empfand seine Aufforderung daher als eine Ehre, habe ihm aber dennoch abgesagt. Mein Brief lautete:

„Lieber Herr Berck,
Ihr Vorschlag ehrt mich – und in der Sache haben Sie vom Inhalt her Recht. Ich fürchte nur, dass für eine ‚Geschichte der Biologiedidaktik' kaum Interessenten zu finden sind. Die heutigen Aktiven interessieren die alten Geschichten kaum: Es geht vorrangig um Forschungsgelder.

Und da bin ich auch schon bei einem Punkt, der mich für ein solches Vorhaben – selbst wenn es auf Interesse stieße – ungeeignet macht: Ich würde vieles kritisch darstellen, was zur heutige Situation geführt hat, und das würden manche nicht verzeihen.
Der zweite Grund ist der, dass ich, obwohl jünger als die eigentlichen Gründer, an vielen Prozessen beteiligt war, und da würde manches als Selbstbeweihräucherung erscheinen, obwohl es objektiv zutrifft, was ich aber nicht schreiben sollte.
Darin liegt noch ein weiterer Grund: Zeitzeugen schreiben keine Geschichte, sondern nur Geschichten. Geschichte müsste in Quellenanalyse und Abstand durch nicht beteiligte Jüngere (nicht Jünger) geschrieben werden.
So sehr ich begrüßen würde, dass eine Geschichte oder Bilanz geschrieben würde: Ich wäre nicht der Richtige – und meine Skepsis hinsichtlich der Adressaten bliebe auch dann. So muss ich Sie also enttäuschen!
Ich habe mich jedoch sehr über Ihren Brief gefreut, zeigt er doch, dass Sie freundlich an mich denken. Ich habe meinerseits Ihre Arbeit und Ihr Urteil, wenn auch in mancher Hinsicht kritisch, sehr geschätzt.

Mit herzlichem Gruß
Ulrich Kattmann"

Nachdem ich in Halle gesprochen hatte, meinten jüngere Kolleginnen und Kollegen, Anekdoten und Begebenheiten dürften nicht verloren gehen. Statt eine Geschichte der Biologiedidaktik solle ich persönliche Erinnerungen aufschreiben. Der

Vorschlag gefiel mir: Anstelle objektiver Geschichte, kann ich subjektiv ausgewählte und persönliche gefärbte Geschichten erzählen, eben meine Erinnerungen anstelle von recherchierter Historie.

Die Form der Erinnerungen erlaubt mir, Erlebtes zu schildern und meine persönliche Sichtweise auf Entwicklungen und Episoden unverstellt zu darzustellen. Meine Urteile werden nicht jedem gefallen, aber da ich ausdrücklich keine objektiv abgewogene Abhandlung liefern will, sind kritische Worte sicher leicht zu verschmerzen. Da ich auch einen Blick auf die Gegenwart und zukünftige Entwicklungen der Biologiedidaktik werfe, hoffe ich, dass meine Erinnerungen auch für diejenigen interessant sein werden, die zu jung sind, um alle in meinen Geschichten auftauchenden Personen zu kennen.

Da es meine Erinnerungen sind, kommen nicht alle Kolleg/-innen so vor, wie es in einer Darstellung der Geschichte der Fall wäre, sondern so, wie sie mir begegnet sind. Ihre Stellung in der Geschichte der Biologiedidaktik mag durchaus bedeutender sein.

Ich werde außerdem Einiges von mir erzählen, auch wenn es nicht von allgemeinem Interesse ist und nicht immer exemplarisch für die Zeit steht. Ich werde nicht streng chronologisch vorgehen, sondern nach thematischen Aspekten gliedern.

Dennoch beginne ich damit, wie ich selbst zur Biologiedidaktik kam und was mich dazu qualifizierte.

Ein Motto, das besonders für den Biologieunterricht gelten sollte
(entdeckt über der ehemaligen Tür einer Schule auf einer Wanderung durch das Erzgebirge).

1. Teil: Kieler Erfahrungen

Eine Bewerbung

Als junger Studienassessor (so hießen damals die Studienräte z.A.) unterrichtete ich 1970 an der Bismarckschule in Hannover, die damals ein Gymnasium für Jungen war, Biologie, Chemie und evangelische Religion. Meine beiden Fachleiter in Biologie/Chemie und Religion waren jetzt dort meine Kollegen: Zwei außergewöhnliche Menschen, die ich beide sehr geschätzt habe. Der Biologiefachleiter war *Walter Brunner,* ein guter Kumpel, der in seiner Jugend auf einem Walfangschiff angeheuert hatte. Seine Erlebnisse und Erfahrungen bereicherten seinen Biologieunterricht und seine Lehre am Studienseminar.

Eines Tages las ich in der „Naturwissenschaftlichen Rundschau" eine Stellenanzeige. Ich hatte diese Zeitschrift schon als Student abonniert. Mit der Anzeige suchte das frisch gegründete Institut für die Pädagogik der Naturwissenschaften (IPN) Mitarbeiter für die Abteilungen Biologie, Chemie und Physik. Ich nahm das Heft mit in die Schule und fragte meinen Kollegen: „Walter, was suchen die denn für Leute?" Walter antwortete ohne Zögern: „Na, solche wie dich." Daraufhin habe ich mich beworben.

Es dauerte nicht lange, da bekam ich ein Telegramm des Abteilungsleiters Biologie, *Gerhard Schaefer* (e-mail gab es noch nicht): „Bin Montag auf Durchreise in Hannover. Ankunft 16.45 Uhr. Schlage vor Treffpunkt Bahnhofshalle. Kennzeichen Linder.“ Eine Viertelstunde vor *Schaefers* Ankunftszeit war ich mit dem Biologiebuch Linder in der Hand in der Bahnhofshalle. Da sah ich einen jungen Mann hin- und hergehen, in der Hand das Biologiebuch von Linder. „Verdammt“, dachte ich, „hat der noch jemanden herbestellt?“ Doch sobald der Herr mich sah, kam er auf mich zu und fragte erwartungsvoll „Herr Kattmann?“ Es war *Schaefer*, der schon einen Zug früher eingetroffen war. Wir setzten uns in das Bahnhofslokal. *Schaefer* fragte mich „Sie wissen, was wir am IPN machen?“ „Curriculumforschung.“ Diese Antwort war meine Qualifikation. Nicht viele kannten damals das Wort Curriculum. Ich hatte zufällig davon gehört. *Schaefer* zeigte mir von ihm entwickelte Arbeitsblätter zur Zellenlehre. Es war ein lockeres Gespräch. Nach einer Woche bekam ich einen Brief aus dem IPN: „Wir haben uns für Sie entschieden.“ Eine Anzeige, die Antwort eines befreundeten Kollegen, ein Bewerbungsbrief, ein Telegramm und eine Tasse Kaffee: Ohne Bewerbungsvortrag und Kommissionsgespräch und auch ohne besondere Qualifikation wurde ich 1970 Mitarbeiter der Abteilung Biologie am IPN.

Qualifikationen eines Biologiedidaktikers

Gab es doch etwas mehr, was mich qualifizierte, Biologiedidaktiker zu werden? Ich hatte nie einen anderen Berufswunsch, als Biologielehrer zu werden. Es ist immer noch der schönste Beruf, den ich mir denken kann – und ich bin später als Universitätsprofessor Biologielehrer geblieben.

Meine Liebe zur Biologie hat sich über Jahrzehnte selbst verstärkt, da ich Biologie nie angestrengt lernen musste: Biologiebezogenes Wissen scheint sich gleichsam in meinem Gehirn wohlzufühlen. Jedenfalls bleibt es meistens wohlorganisiert in meinem Gedächtnis haften. Ich führe diesen Umstand auf meine Kindheit und Jungendzeit zurück.

Von den Näharbeiten meiner Großmutter blieben kleine Stoffreste übrig, die in einem Karton gesammelt wurden. Diese „Flicken" dienten mir als 4-Jähriger für ein selbsterdachtes Spiel, denn in der Kriegs- und Nachkriegszeit hatten wir nicht viele Spielsachen. Ich nahm die Stoffreste, glättete sie und legte sie sorgfältig nebeneinander auf die Lehne und die Sitzfläche des Sofas, das im Wohnzimmer stand. Dann ordnete ich die Stoffreste nach einem oder mehreren Kriterien, wie Form, Farbe und Größe, immer wieder neu, bis ich mit der gefundenen Ordnung zufrieden war. Wurde das Sofa, z. B. bei den Mahlzeiten benö-

tigt, musste ich die Flicken schnell zusammenraffen und in den Karton tun. Die gefundene Ordnung war dahin. War das Sofa wieder frei, dann begann das Spiel von Neuem.
Ich nehme an, dass mir diese Übung später erleichtert hat, die Formen der Lebewesen wahrzunehmen und verschiedene Kriterien zu beachten, nach denen man sie ordnen kann.

So lange ich denken kann, habe ich mich für Tiere und Pflanzen interessiert. Meine Mutter habe ich oft mit Fragen genervt. Einen Dialog hat sie notiert, ich war 5 Jahre alt:
„Uli: ‚Mama, was fressen denn die Regenwürmer?'
Mama: ‚Ach Junge, du kannst aber auch Fragen stellen! Das lernst du alles noch in der Schule.'
Uli: ‚Hast du das auch in der Schule gelernt?'
Mama, zögernd: ‚Ja'
Uli: ‚Haste alles wieder vergessen, ne?'"

Ich war allerdings kein kleiner Forscher, der sich in freier Natur herumtrieb. Ich habe vielmehr viel über Tiere gelesen. Meine bevorzugte Lektüre waren die Jugendbücher von *Erich Kloss*: Frühling, Sommer, Herbst, Winter im Försterhaus, Horst wird Förster. Meine Lehrerin in der dritten Klasse Grundschule rief regelmäßig ein Kind vor die Klasse, das erzählen sollte, was es erlebt hatte. Ich erzählte eine Tiergeschichte, die ich gelesen hatte. Einmal sagte Frau Fricke nach der Stunde zu mir: „Ulrich, du kannst immer so schön von Tieren erzählen.“ Dieses Lob habe ich immer noch im Ohr. Es hat mich in meinem Interesse für Pflanzen und Tiere ungemein bestärkt. Sie begegneten mir zuerst in Büchern und erst danach in der Natur.

Titelbilder der Jugendbücher von Erich Kloss

Mein zweiter Zugang zur Biologie war das Bestimmen von Pflanzen. Im Bücherschrank meines Vaters fand ich als Schüler der 5. Klasse eine alte Auflage des Bestimmungsbuchs „Schmeil/Fitschen: Flora von Deutschland“. Meine Tante warnte mich, dass es sehr schwer sei, mit diesem Buch Pflanzen zu bestimmen. Der Schlüssel war damals tatsächlich schwerer als der heutige. Ich ließ mich jedoch von einem Versuch nicht abhalten:

Auf einem Weg fand ich ein Kraut, dass ich wegen der knallgelben Blüten für eine Hahnenfuß-Art hielt. Ich folgte dem Bestimmungsschlüssel für Kräuter und landete überraschend bei Rosengewächsen. Ich musste einen Fehler gemacht haben und fing noch einmal an, kam wieder zu Rosengewächsen, ging zurück, das Ergebnis war wieder dasselbe: Rosengewächse. Also versuchte ich es voller Skepsis mit Rosengewächsen, wo mich der Bestimmungsschlüssel zu Fingerkraut und dann zu Gänsefingerkraut führte.
Die Beschreibung der Pflanze passte zu der, die ich vor mir hatte. Ich war beinahe überzeugt, dass ich richtig bestimmt hatte, aber nur beinahe. Ich war nicht sicher. Ich musste mich vergewissern, wie das Gänsefingerkraut aussieht. So schöne Bilderbücher, wie sie heute verbreitet sind und jetzt auch in meinem Bücherschrank stehen, gab es damals noch nicht. Ich hatte jedenfalls keins. Also suchte ich in allen möglichen, für mich greifbaren Büchern nach einer Abbildung vom Gänsefingerkraut. Schließlich fand ich eine schwarz/weiß-Strichzeichnung im fünfbändigen Brockhaus-Lexikon meiner Eltern. Ich verglich die Abbildung mit meiner Pflanze und suchte bei ihr alle Merkmale, die der Zeichner mit seinem Bild wohl gemeint haben könnte. Nun war ich sicher, dass ich richtig bestimmt hatte. Meine erste bestimmte Pflanze

war tatsächlich das Gänsefingerkraut (*Potentilla anserina*).

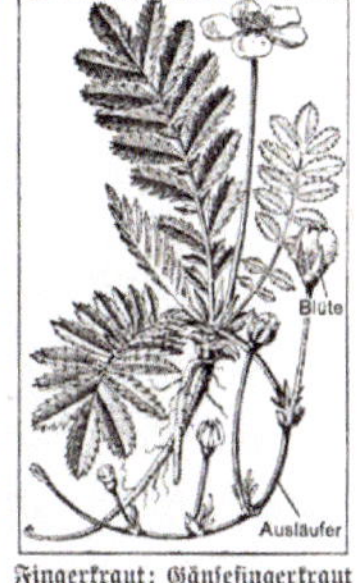

Fingerkraut: Gänsefingerkraut (etwa 1/3 nat. Gr.).

Gänsefingerkraut: 1952 bestimmt (1974 fotografiert) und das im Lexikon gefundene Bild

Bei Botanikern ist das Bestimmen von Pflanzen nach Bilderbüchern im Allgemeinen als zu unsicher verpönt. Das hat einen wahren Kern, da bei diesem Vorgehen die Bilder und die Merkmale der Pflanzen häufig nur oberflächlich betrachtet werden. Die Bestimmungsschlüssel sind für das Erwerben von Artenkenntnissen jedoch kaum geeignet. Sie führen bei sorgfältiger Anwendung zwar sicher zur Pflanzenart, aber man erhält nur einen Namen und buchstäblich kein Bild von der Pflanze. Ohne weitere Übung bleibt keine zutreffende Vorstellung von der Pflanze im Gedächtnis. Weil ich mich anhand von Bildern vergewissern wollte, ob ich richtig bestimmt hatte, musste ich die Pflanze wie auch das Bild der Pflanze genau betrachten und prägte mir dabei die Merkmale ein. Ich bin überzeugt, dass diese Übung dazu beigetragen hat, dass ich heute Pflanzen nach Bildern ebenso zuverlässig bestimmen kann wie nach einem Schlüssel. Man sollte das Bestimmen nach Bildern also nicht verachten. Es will vielmehr gelernt sein.

Im Biologiestudium wurden wir angehalten, die lateinischen Namen der Pflanzen zu lernen. Deshalb fallen mir auch heute häufig die lateinischen Namen von Pflanzen zuerst ein. Das Lernen dieser Namen wurde damit begründet, dass sie im Gegensatz zu den deutschen wissenschaftlich verbindlich und international dieselben seien, sodass wir uns mit ihnen stets und überall zuverlässig über Pflanzenarten verständigen könnten.

Diese Versprechen werden nicht in jedem Fall eingelöst. Meine Erstbestimmung heißt deutsch auch heute noch unverändert Gänsefingerkraut, aber der lateinische Name wechselte von *Potentilla anserina* zu *Argentea anserina*, weil man die Pflanze aus der Gattung *Potentilla* herausgenommen und ihr eine eigene gegeben hat. Das umgekehrte Schicksal hat die von mir im Studium in Göttingen an einem Straßenrand bestimmte Pfeilkresse *Cardaria draba*, die in die Gattung der Kressen gesteckt wurde und jetzt *Lepidium draba* heißt. Ein weiterer Fall ist die auf der ersten Wanderung mit meiner Frau mir lieb gewordene Kronwicke *Coronilla varia*, die nun *Securigera varia* genannt wird. Namen haben einen emotionalen Aspekt. Will man es mir verdenken, dass mir weiterhin nur die vertrauten alten Namen einfallen?

Bei der Ordnung von Pflanzen orientieren sich Menschen gern und vorwiegend an der Blütenfarbe. Auch mich hatte sie beim Bestimmen des Gänsefingerkrauts zunächst auf die falsche Fährte gelockt. Wegen der gelben Blüte glaubte ich, eine Hahnenfußart vor mir zu haben und fing deshalb dreimal von Neuem mit dem Bestimmen an. Wie sehr die Blütenfarbe über die Zusammengehörigkeit von Pflanzen irreführen kann, zeigt die folgende Episode aus meiner Lehrtätigkeit an der Universität Oldenburg:
Ich führte regelmäßig eine Exkursion für Biologiestudierende zum Dümmer durch.[1] Im Vorbereitungsseminar wollte ich die Teilnehmer/-innen mit ein paar charakteristischen Pflanzen bekannt

---

[1] Die Oldenburger Exkursionen hat meine Mitarbeiterin *Marina Fischbeck-Eysholdt* hinreißend geschildert: Fischbeck-Eysholdt, M. (2004). Streifzüge durch die Natur – Erinnerungen an biologiedidaktische Exkursionen. In H. Gropengießer, A. Janßen-Bartels & E. Sander (Hrsg.), *Lehren fürs Leben. Didaktische Rekonstruktion in der Biologie* (S. 163-166). Köln: Aulis.

machen. Ich zeigte Dias vom Wiesen-Schaumkraut, von der Seefeder und vom Fieberklee. Daraufhin meldete sich eine Studentin und fragte: „Gehören die alle zur gleichen Familie?“ Verblüfft fragte ich zurück: „Wie kommen Sie d'rauf?“ Antwort: „Die haben alle dieselbe Blütenfarbe.“ Ich konnte mir nicht verkneifen zu bemerken: „Sie haben Recht, das sind alles Rosaceen.“ Das Gelächter der Teilnehmer/-innen zeigte, dass mein Scherz, jedenfalls bei den meisten, angekommen war. Ich habe dann noch erläutert, dass die Blütenfarbe keine Auskunft über die Verwandtschaft von Pflanzen gibt, sondern der Bau der Blüten.

Wiesenschaumkraut Seefeder Fieberklee
Wegen der Blütenfarbe vermeintlich zur selben Familie gehörend

Zu den Qualifikationen eines Biologiedidaktikers gehört gewiss auch ein großes Maß an gesellschaftspolitischem Engagement. Meine Schulung

darin begann als Schüler in Hannover, als im April 1957 die Bewegung „Kampf dem Atomtod“ entstand. Anlass war der Plan, die gerade erst aufgebaute Bundeswehr mit Atomwaffen auszurüsten. Das Vorhaben wurde von dem damaligen Verteidigungsminister *Franz-Josef-Strauß* verfolgt und von Bundeskanzler *Konrad Adenauer* unterstützt. Der meinte, die taktischen Atomwaffen (bei denen jede Granate die Wirkung der Atombombe von Hiroshima hat) sei nur eine „Fortentwicklung der Artillerie“. Als 18 Göttinger Professoren, darunter der Entdecker der Kernspaltung *Otto Hahn* sowie die Atomphysiker *Werner Heisenberg* und *Carl Friedrich von Weizsäcker*, vor der verheerenden Wirkung warnten, erklärte *Adenauer*: „Die Herren haben keine Ahnung.“
Die Verharmlosung der Atomwaffen durch amtliche Stellen war allgemein verbreitet. In einer Broschüre mit dem Titel „Jeder hat eine Chance“ wurde empfohlen, sich gegen die Wirkung einer Atombombenexplosion mit Hilfe einer über den Kopf gelegten Aktentasche zu schützen Im Radio wurde dieser Vorschlag kabarettistisch kommentiert, indem nach der Chan-Chan-Melodie aus *Jaques Offenbachs* „Orpheus in der Unterwelt“ gesungen wurde: „Fällt die Welt in Schutt und Asche, bleibt dir doch die Aktentasche, Leder-war'n aus Offenbach, ...“

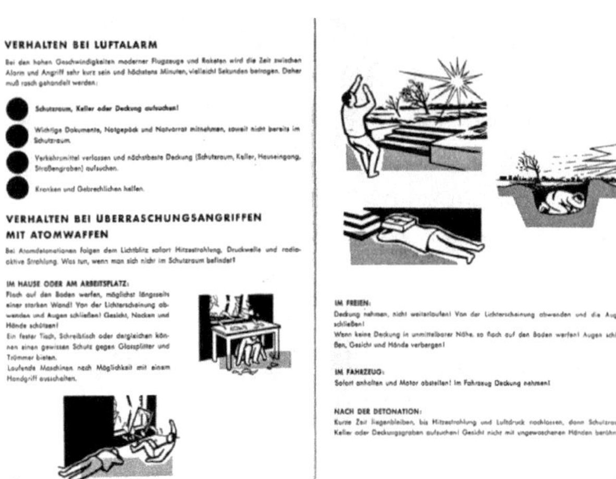

VERHALTEN BEI LUFTALARM

Bei den hohen Geschwindigkeiten moderner Flugzeuge und Raketen wird die Zeit zwischen Alarm und Angriff sehr kurz sein und höchstens Minuten, vielleicht Sekunden betragen. Daher muß rasch gehandelt werden:

- **Schutzraum, Keller oder Deckung aufsuchen!**
- Wichtige Dokumente, Notgepäck und Notvorrat mitnehmen, soweit nicht bereits im Schutzraum.
- Verkehrsmittel verlassen und nächstbeste Deckung (Schutzraum, Keller, Hauseingang, Straßengraben) aufsuchen.
- Kranken und Gebrechlichen helfen.

VERHALTEN BEI UBERRASCHUNGSANGRIFFEN MIT ATOMWAFFEN

Bei Atomdetonationen folgen dem Lichtblitz sofort Hitzestrahlung, Druckwelle und radioaktive Strahlung. Was tun, wenn man sich nicht im Schutzraum befindet?

IM HAUSE ODER AM ARBEITSPLATZ:
Flach auf den Boden werfen, möglichst längsseits einer starken Wand! Von der Lichterscheinung abwenden und Augen schließen! Gesicht, Nacken und Hände schützen!
Ein fester Tisch, Schreibtisch oder dergleichen können einen gewissen Schutz gegen Glassplitter und Trümmer bieten.
Laufende Maschinen nach Möglichkeit mit einem Handgriff ausschalten.

16

IM FREIEN:
Deckung nehmen, nicht weiterlaufen! Von der Lichterscheinung abwenden und die Augen schließen!
Wenn keine Deckung in unmittelbarer Nähe, so flach auf den Boden werfen! Augen schließen, Gesicht und Hände verbergen!

IM FAHRZEUG:
Sofort anhalten und Motor abstellen! Im Fahrzeug Deckung nehmen!

NACH DER DETONATION:
Kurze Zeit liegenbleiben, bis Hitzestrahlung und Luftdruck nachlassen, dann Schutzraum, Keller oder Deckungsgraben aufsuchen! Gesicht nicht mit ungewaschenen Händen berühren!

17

Broschüre des Zivilschutzes zum Verhalten bei Atomangriffen, die 1957 an alle Haushaltungen verteilt wurde: Eine Aktentasche soll schützen.

Ich habe an Protestmärschen und Kundgebungen teilgenommen und dabei mein politisches Vorbild, den späteren Bundespräsidenten *Gustav Heinemann*, kennengelernt.

Auf dem Höhepunkt der Friedensbewegung gegen die Aufrüstung wurde 1983 ein Heft zum Thema „Frieden" publiziert. Aus *Heinemanns* Antrittsrede als Bundespräsident stammt der wegweisende Satz zu Krieg und Frieden, der mich zum Untertitel des Heftes anregte.[2]

---

[2] Otto, G., Rieschbieter, H., Engel, J. & Kattmann, U. (Hrsg.). (1983). *Frieden. Anregungen für den Ernstfall. Friedrich Jahresheft I*. Seelze: Friedrich.

Gustav Heinemann (1969):
„Nicht der Krieg ist der Ernstfall, in dem ein Mann sich zu bewähren habe, sondern der Frieden ist der Ernstfall, in dem wir uns alle zu bewähren haben."

Das Studium der Biologie in Göttingen hat mich biologiedidaktisch nicht qualifiziert. Es gab damals überhaupt keine biologiedidaktischen Veranstaltungen. In der Bibliothek fand ich die Biologiedidaktik von *Werner Siedentop*, das war das erste Buch, das Biologiedidaktik für den Unterricht an Gymnasien behandelte[3]. Ich schlug es neugierig auf, stöberte etwas darin, klappte es zu und dachte bei mir: „Damit kannst du nichts anfangen."

[3] Siedentop, W. (1964). *Methodik und Didaktik des Biologieunterrichts.* Heidelberg: Quelle & Meyer (4. Aufl. 1972).

Das Nachfolgebuch der Biologiedidaktik im selben Verlag war im Wesentlichen von *Gerd Mostler* gestaltet.[4] *Mostler* war mein Biologielehrer in Hannover. Er machte aus heutiger Sicht traditionellen Biologieunterricht. Es war gute Hausmannskost. *Mostler* zeichnete sich nicht durch originelle Ideen aus, sondern durch solides Wissen. Er genoss durch seine Kompetenz und sein überlegtes Auftreten große Autorität im Kollegium der Schule und bei seinen Schülern. Später wurde er für die Ausbildung der Gymnasiallehrer/-innen als Professor für Biologiedidaktik an die Tierärztliche Hochschule Hannover berufen.
Auch *Mostlers* Mitautoren haben eine Rolle in der damaligen Biologiedidaktik gespielt. *Günther Meyer* war Fachleiter und Mitherausgeber der Zeitschrift „Unterricht Biologie“ sowie Mitautor beim Schulbuch „Kennzeichen des Lebendigen“[5], *Dieter Krumwiede* war (als Nachfolger von *Gerhard Schaefer*) Schulreferent des VDBiol. Er war ein auf experimentellen Biologieunterricht festgelegter Gymnasiallehrer. Biologie war für ihn vor allem Physiologie. Wohl weil ich die Beziehung der Biologie zu gesellschaftlich relevanten

---

4 Mostler, G., Meyer, G. & Krumwiede, D. (1975). *Methodik und Didaktik des Biologieunterrichts.* Heidelberg: Quelle & Meyer.

5 s. Anmerkung 20

Fragen herausstellte, Sexualpädagogik für den Biologieunterricht verfocht und Unterrichtsentwürfe im Überschneidungsfeld von Biologie und Religion publiziert hatte, äußerte er gegenüber einem Kollegen: „Der Kattmann, der macht ja so eine komische Biologie.“

Curriculum, Curricula: Wir sind bald weiter als Amerika

Das IPN ist 1966 als deutscher Nachzügler des Sputnikschocks gegründet worden. Sputnik (russisch Begleiter) war von der Sowjetunion 1957 als erster künstlicher Satellit in eine Umlaufbahn um die Erde geschossen worden. Die westliche Welt war schockiert über den Erfolg der feindlichen Gegenseite und sah sich in der Gefahr, im Wettlauf mit der Sowjetunion technologisch zurückzubleiben. Um wissenschaftlich und technisch aufzuholen bzw. im Wettkampf der Systeme zu bestehen, sollte der naturwissenschaftliche Unterricht schnell und nachhaltig gefördert werden. Exzellente Fachwissenschaftler, darunter Nobelpreisträger, fühlten sich berufen, den Biologieunterricht neu zu gestalten.[6] In den USA wurde bereits

---

[6] OECD (Ed.). (1962). *New thinking in school biology.* Paris: OECD.

1958 ein Zentrum in Boulder (Colorado) gegründet, in dem Naturwissenschaftler in Klausur gingen, um Lehrbücher für den Biologieunterricht zu schreiben. So entstanden 1963 die drei Versionen von des US-amerikanischen Curriculum BSCS („Biological Sciences Curriculum Study"): Der Schwerpunkt der gelben Version lag auf der Allgemeinen Biologie für die durchschnittlich Begabten, die grüne Version fokussierte auf die Ökologie für die für Humanities (Geisteswissenschaften) Begabten, die blaue Version thematisierte die Molekularbiologie für die naturwissenschaftlich Hochbegabten. Diese BSCS-Lehrbücher wurden in zahlreichen, vor allem Englisch sprechenden Ländern adaptiert. Darüber hinaus war das didaktische Konzept mit dem zugrunde gelegten Verständnis moderner Biologie für Entwicklungen der Biologiecurricula auf der ganzen Erde wirksam.[7] Angeregt durch das US-amerikanische Vorbild startete 1962 die Nuffield-Foundation die englische Curriculumentwicklung, in der die Ausrichtungen der BSCS-Versionen nicht getrennt, sondern im Sinne eines Spiralcurriculum auf die Schuljahre verteilt waren.

[7] Schwab, J. J. (1972). Die Struktur der Wissenschaften: Sinn und Bedeutung. In G. W. Ford & Pugno, L. (Hrsg.), *Wissensstruktur und Curriculum* (S. 55-76). Düsseldorf: Schwann.

Etwas verspätet erreichte die Curriculumbewegung Deutschland. Auf Initiative von *Karl Hecht* und dem Atomminister a. D. *Siegfried Balke* wurde mit Geldern der Volkswagen-Stiftung das IPN als nationales Curriculuminstitut an der Universität Kiel gegründet. *Hecht* war als Physiker Abteilungsleiter der Lehrmittelfirma Leyboldt gewesen. Zum Professor ernannt wurde er der erste Direktor des IPN.

Als ich, wie oben geschildert, 1970 ans IPN kam, steckte das Institut noch in den Kinderschuhen. Es war eine Zeit des Aufbruchs. Der naturwissenschaftliche Unterricht sollte mit dem Stichwort Curriculum grundlegend reformiert werden.[8] Als Kriterien galten drei Curriculumrelevanzen: Die Bedeutung der Unterrichtsgegenstände für den Schüler, für die Gesellschaft und für die Wissen-

---

[8] Die ersten biologiedidaktischen Untersuchungen dazu wurden 1973 vorgelegt:

Sönnichsen, G. (1973). *Die Erneuerung des Biologieunterrichts im Rahmen der modernen Curriculumforschung.* Hannover: Schroedel.

Werner, H. (1973). *Biologie in der Curriculumdiskussion.* München: Oldenburg.

Eine vorläufige Bilanz zog die Zeitschrift „Unterricht Biologie" 1980 mit einem Themenheft:

Beyer, L., Eschenhagen, D. & Meffert, A. (Hrsg.). (1980). Biologieunterricht: Zielsetzung und Realität. *Unterricht Biologie,* 4(48/49).

schaft. Je nach Geschmack wurde von verschiedenen Autoren entweder die Schülerrelevanz, die Wissenschaftsrelevanz oder die Gesellschaftsrelevanz hervorgehoben. Letztere wurde besonders diskutiert, da sie für die Naturwissenschaft ungewohnt war.[9] Ich selbst hielt sie für die entscheidende Neuerung (s. Abschnitt Linke Gesinnung(en)).
Da es keine Ausbildung in Biologiedidaktik gab, wir also eigene Vorstellungen für den naturwissenschaftlichen Unterricht entwickeln mussten, waren wir alle Anfänger. Das war mir nur recht: Ich konnte mich in aller Ruhe einarbeiten, ohne dass meine Unkenntnis auffiel.

Selbst der Abteilungsleiter, *Gerhard Schaefer*, ließ keinen Zweifel daran, dass auch er Neuland betrat – und teilweise im Nebel stocherte. Er war allerdings ein erfahrener Biologie- und Mathematiklehrer sowie Lehrerfortbildner. Sein Spezialgebiet lag damals im Überschneidungsbereich seiner beiden Fächer: in der Kybernetik.[10] Themenberei-

---

[9] (1980). Gesellschaftsrelevanz des Biologieunterrichts. 19 Statements verschiedener Autoren mit einer Einführung und einem abschließenden Kommentar von Peter Drutjons. *Unterricht Biologie,* 4(48/49), 28-46.

[10] Schaefer, G. (1972). *Kybernetik und Biologie*. Stuttgart: Metzler.

che, die er von diesem Ausgangspunkt erschlossen hat, wie Begriffsbildung mit dem Klettenmodell, Zick-Zack-Lernen, Lebensprinzipien und naturwissenschaftsbezogene Bildung, hat *Schaefer* im Rückblick auf sein Forscherleben dargestellt.[11]

Noch bevor die Curriculumentwicklung in Kiel startete, wirkte *Klaus Dylla* in Fulda als Außenstelle des IPN.[12] Der erste Mitarbeiter in der Abteilung Biologie in Kiel war *Eberhard Schmidt.* Er verließ das Institut aber schon bald, nachdem ich dorthin gekommen war, da er auf eine Professur an die Pädagogische Hochschule Flensburg berufen wurde. Wir waren danach in der Abteilung Biologie zu viert: *Schaefer* und ich als Biologielehrer sowie *Hille Lucht* und *Sabine Stange* als Psychologinnen, die vor allem für Tests zuständig waren, aber darüber hinaus inhaltlich mitwirkten. Später kamen als Biologiedidaktiker/-in *Günter Eulefeld, Wolf Isensee, Horst Bayrhuber, Karl Schilke, Brunhilde Marquardt* und *Frank Zacharias* hinzu.

Gerhard Schaefer hatte die Idee, das IPN-Biologiecurriculum nicht als durchgehenden Kurs zu

---

[11] Schaefer, G. (1997). Das Elementare im komplexen Ablauf des Lebens. In G. Schaefer (Hrsg.), *Das Elementare im Komplexen* (S. 11-48). Frankfurt: Lang.

[12] s. Anmerkung 39

entwickeln (wie es im IPN in Physik und Chemie erfolgte), sondern in kleineren Einheiten. Diese Einheiten sollten zwar in verschiedenen Strängen als Spiralcurriculum auf einander aufbauen, aber auch mit anderem (normalem) Unterricht kombiniert werden können. Die Entwicklung der Unterrichtseinheiten erfolgte in der Weise, die in späteren Entwicklungsprojekten wie „Chemie im Kontext" etwas anspruchsvoll aber durchaus treffend „symbiotisch" genannt wurde: Ein Arbeitskreis – bestehend aus Lehrerinnen und Lehrern verschiedener Schularten und einem Mitglied des IPN – erprobte einen gemeinsam erstellten Rohentwurf in mindestens 3 Durchgängen.[13] Die beteiligten Mitarbeiter/-innen des IPN unterrichteten die Unterrichtseinheit ebenfalls in ein bis zwei Schulklassen. Da Lehrermangel herrschte, war es leicht, ein Lehrdeputat von 2 bis 4 Stunden an den Schulen Kiels zu bekommen. Der Rohentwurf wurde anhand der Erfahrungen der Lehrerinnen und Lehrer und der parallel durchgeführten Tests im Erprobungskreis besprochen und entsprechend optimiert. So entstand die IPN-Einheitenbank Curriculum Biologie.

---

[13] Kattmann, U. (1971). Entwicklung von Biologie-Curricula im IPN Kiel. *Der mathematische und naturwissenschaftliche Unterricht (MNU),* 24, S. 114-117.

1974 konnten wir die ersten Curriculumeinheiten für die Klassen 5/6 gedruckt vorlegen: Bewegung des Menschen, Ernährung und Verdauung, DER Mensch und DIE Tiere, Sexualität des Menschen, Biologisches Gleichgewicht. Sie erschienen im Aulis Verlag Deubner & Co, Köln. Gegen die Option des Klett-Verlags setzte *Schaefer* die Kooperation mit dem Aulis-Verlag durch. Der Verleger, *Wolfgang Deubner*, erwies sich als verlässlicher Partner. Unter den ersten Unterrichtseinheiten war „DER Mensch und DIE Tiere“ sicherlich die innovativste, da sie Eigenart und Variabilität des Menschen im Vergleich zu Tieren für die Klassenstufe 5 in ungewohnter Weise thematisierte.[14] Ihr Verkaufserfolg war begrenzt, ganz im Gegensatz zur Einheit „Sexualität des Menschen“. [15] Zu dieser Unterrichtseinheit griffen viele Lehrkräfte, weil sie ihnen Sicherheit gab. Sie war die bei weitem meist verkaufte IPN-Unterrichtseinheit.

---

[14] Kattmann, U. & Stange-Stich, S. (1974). *DER Mensch und DIE Tiere. Unterrichtseinheit für die Orientierungsstufe (Klassenstufen 5 und 6).* IPN-Einheitenbank Curriculum Biologie. Köln: Aulis.

[15] Kattmann, U., Lucht, H. & Stange-Stich, S. (1974). *Sexualität des Menschen. Unterrichtseinheit für die Orientierungsstufe (Klassenstufen 5 und 6).* IPN-Einheitenbank Curriculum Biologie. Köln: Aulis (Neubearbeitung 1990).

Insgesamt hatte die Einheitenbank durch die erprobten Curriculumeinheiten einen nennenswerten Einfluss auf den Biologieunterricht, besonders hinsichtlich der Lernzielorientierung und einiger inhaltlicher Schwerpunktsetzungen, wie experimentell ausgerichtetem Unterricht und Umweltbildung in der Sekundarstufe I[16], Kybernetik in der Sekundarstufe II.[17]
Dass die Curriculumentwürfe weitgehend positiv aufgenommen wurden[18], lag auch daran, dass den Einheiten eine verständlich geschriebene Einführung vorangestellt war. Darin wurde beispielsweise Curriculum – gegenüber den sonst üblichen Umschreibungen einfach – „als ein in allen seinen Teilen operationalisierter Lehrplan" definiert. Das Wort „operationalisiert" war damals durch die Diskussion um operationalisierte Lernziele fast in aller Munde, sodass es den Lesern vertraut war.

---

[16] Eulefeld, G. & Schaefer, G. (1974). *Biologisches Gleichgewicht. Unterrichtseinheit für die Klassenstufen 6-8.* IPN-Einheitenbank Curriculum Biologie. Köln: Aulis.
Eulefeld, G., Bolscho, D. & Bürger, W. (1979). *Probleme der Wasserverschmutzung. Unterrichtseinheit für die Klassenstufe 9.* IPN-Einheitenbank Curriculum Biologie. Köln: Aulis.
[17] Bayrhuber, H. & Schaefer, G. (1978). *Kybernetische Biologie. Unterrichtseinheit für die Sekundarstufe II.* IPN-Einheitenbank Curriculum Biologie. Köln: Aulis.
[18] Knoll, J. (1977). Zehn Jahre IPN. *Unterricht Biologie,* 2(6), 50-51.

Die einfache Definition stach gegenüber den mit Fachwörtern gespickten und länglich aufgeblähten erziehungswissenschaftlichen Umschreibungen ab.
Das hat eine aktuelle Parallele zu Kompetenzen, bei denen niemand umhin zu kommen scheint, die umfängliche Definition von *Franz E. Weinert* zu zitieren (dessen Arbeiten im Übrigen auch für die Fachdidaktik relevant sind). Es ist heute jedoch interessant zu wissen, dass wir mit Lernzielen dieselben Absichten verfolgten, die heute mit Kompetenzen verknüpft sind. Mit den drei Dimensionen kognitiv, emotional und pragmatisch enthielten Lernziele auch schon die wesentlichen Elemente, die heute mit Kompetenzen verbunden werden. Es ging und geht bei Lernzielen und Kompetenzen gleichermaßen um das Können, über das die Lernenden schließlich verfügen sollen. Diese Zielsetzung wurde bei der Lernzielorientierung dadurch durchkreuzt, dass die Lernziele nur mehr formuliert wurden, um zur Leistungskontrolle zu dienen. Aus Lernzielen wurden Testziele. Deshalb hielt man schließlich nur noch die nach *Robert F. Mager* operationalisierten Lernziele für gültig[19].

---

[19] Mager, R. F. (1974). *Lernziele und Programmierter Unterricht.* Weinheim: Beltz.

Aufgrund dieser Erfahrung befürchte ich, dass der mit der Kompetenzorientierung verbundene didaktische Ansatz ein ähnliches Schicksal erleiden wird, falls die Kompetenzen vor allem zur „Qualitätssicherung“ und als „Standards“ für Vergleichsarbeiten formuliert werden.

Gekeilt in der Junkernschänke

Meinen ersten Vortrag als IPN-Mitarbeiter hielt ich 1971 auf der Hauptversammlung des „Vereins zur Förderung des mathematisch-naturwissenschaftlichen Unterrichts“ (MNU) in Göttingen. Das Thema war: „Curriculumentwicklung für den Biologieunterricht am IPN“. Als ich vor dem Vortrag meine Dias in das Magazin des Projektors einsortierte (Präsentationen mit Computer und Beamer gab es noch nicht), kam eine Frau auf mich zu und fragte mich: „Redet hier gleich der Professor Kattmann?“ Sie hielt mich offenbar für den Assistenten des vermeintlichen Professors. Ich antwortete ohne weitere Erklärung: „Nein.“ Die Frau entgegnete irritiert: „Der ist doch aber in diesem Raum angekündigt.“ Ich sagte erneut: „Nein.“ Um nach einer kleinen Pause anzufügen: „Ein Professor Kattmann wird hier nicht sprechen.“ „Das steht aber doch im Programm.“ „Nein, da steht nur ‚Ulrich Kattmann‘, und das bin ich und kein

Professor." Nun begriff mein Gegenüber und lächelte etwas verlegen. Sie war Redakteurin beim Bertelsmann Schulverlag und teilte mir mit: „Der Redaktionsleiter, Herr Dr. Reuter, möchte Sie gern sprechen und dazu in die Junkernschänke zum Abendessen einladen. Ist Ihnen 20 Uhr recht?" Ich bejahte.

Während des Abendessens eröffnete mir mein Gesprächspartner, der Verlag plane ein Schulbuchwerk für die Klassen 5 bis 10 in Biologie, ob ich mir vorstellen könne, als Autor daran mitzuwirken. Ich fragte nach, welches Konzept geplant sei bzw., wie es entwickelt werde. Das Gespräch rankte sich um nicht mehr tragfähige Lehrpläne und nötige Reformen. Nach einer halben Stunde fragte mich der Redaktionsleiter, ob ich mir auch vorstellen könne, Herausgeber des Werkes zu werden. Zwei stünden bereits fest: Oberstudienrat *Wolfgang Palm* und Professor *Ferdinand Rüther*. Ich sagte zu.

Palm kannte ich als etwas kantigen, sehr kompetenten Biologielehrer von der niedersächsischen Lehrerfortbildung. *Rüther* lernte ich als liebenswerten Kollegen und späteren Kumpel bei der ersten Herausgebersitzung kennen. Er begrüßte mich freundlich, indem er sagte, er kenne mich bereits von meinen Veröffentlichungen. Ich grinste. Ich hatte damals erst eine einzige. In fünfjähriger Arbeit entstand das Schulbuchwerk

„Kattmann /Palm/Rüther: Kennzeichen des Lebendigen“.[20]

Ausgaben und Teile des Schulbuchwerks Kennzeichen des Lebendigen von 1975 bis 1993

Bei meiner Verabschiedung 2004 berichtete *Rüther* über unsere Schulbucharbeit:

„Wir besprachen die Entwürfe der Autoren. Ulrich Kattmann gab die Richtung an: ‚Das machen wir ganz anders! – Den Anfang stellen wir nach hinten und das Ende an den Anfang. Und was dazwischensteht, wird gestrichen.‘“[21]

---

[20] Kattmann, U., Palm, W. & Rüther, F. (Hrsg.). (1975). *Kennzeichen des Lebendigen. Unterrichtswerk für die Sekundarstufe I.* Düsseldorf: Vieweg Schulverlag.

[21] Rüther, F. (2004). Kennzeichen des Lebendigen – ein Schulbuch entsteht. In H. Gropengießer, A. Janßen-Bartels

„Kennzeichen des Lebendigen“ war das erste Schulbuchwerk, das die allgemeinbiologische Orientierung konsequent umsetzte und dabei vor allem durch die Kompetenz von *Wolfgang Palm*, wo immer es ging und angebracht war, Schülerexperimente einsetzte. *Ferdinand Rüther* sorgte für Anschaulichkeit und guten Sprachstil. Besonders in Band 9/10 konnte ich gesellschaftlich relevante Aspekte einbringen. Am Markt war das Werk kein Renner. Der Bertelsmann Schulverlag war unerfahren. Er kaufte zwar den Vieweg Verlag in Braunschweig, sodass wir 1975 unter dem Namen „Vieweg Schulverlag“ erschienen, aber das Geschäft war schwieriger als gedacht. Der Markt wurde von erfahrenen Schulbuch-Verlagen beherrscht, sodass Bertelsmann Titel und Verlag an Metzler, Stuttgart, verkaufte. Metzler verlegte als Flaggschiff den „Linder“, der damals der Marktführer der Biologiebücher für die Sekundarstufe II war. „Kennzeichen des Lebendigen“ erschien dort in mehreren bearbeiteten Auflagen mit begrenztem Erfolg. Die Eigentümerin verkaufte ihren Verlag aus persönlichen Gründen an Schroedel, Hannover, der die eingekaufte Konkurrenz zu den eigenen Biologiebüchern der Sekundarstufe I prompt einstellte.

& E. Sander (Hrsg.). *Lehren fürs Leben. Didaktische Rekonstruktion in der Biologie* (S. 173-179). Köln: Aulis.

Unsere als didaktisches Kompendium angelegten Lehrerbände wurden von vielen Lehrer/-innen in ihrem Unterricht „unter dem Tisch“ verwendet. Als ich 2007 von der MNU geehrt wurde, gratulierten mir zwei junge Kollegen und sagten zu meiner Überraschung, dass sie mich von „Kennzeichen des Lebendigen“ her kennen, ein Werk, das der Laudator *Jürgen Langlet*, gar nicht mehr erwähnt hatte. 2002 wurde *Ferdinand Rüther* geehrt, indem wir ihm eine Ausgabe der Berichte des IDB Münster widmeten, die von *Helmut Vogt* und *Manfred Hesse* herausgegeben wurden (heute: Zeitschrift für Biologiedidaktik).[22]

Treffen bei Ferdinand Rüther, bei dem wir die Festschrift zu seinem 75. Geburtstag überreichten (von links): ich, Almut Gerhardt, Ferdinand Rüther, Helmut Vogt.

---

[22] Gerhardt, A., Kattmann, U. & Vogt, H. (2001). Ferdinand Rüther zum 75. Geburtstag. *IDB Münster,* 10.

Erziehungswissenschaftliche Wende
Es war Mitte der 1970er Jahre als das IPN von dem Erziehungswissenschaftler *Karl Frey*, dem Nachfolger von *Karl Hecht* als Institutsdirektor, in eine neue Richtung gelenkt wurde.

Frey war es, der in seinem Buch „Theorien des Curriculums“ das Curriculum umständlich und mehrdeutig definiert hatte. Das Buch war seine Habilitationsschrift.[23] Es bezog seine Bedeutung auch daraus, dass es durch seine wissenschaftlich aufgepumpte Sprache nur mit Mühe zu verstehen war. Als *Frey* nur zufällig am Geburtstag von *Hille Lucht* in den Raum trat, wo wir bei Kaffee und Kuchen beisammensaßen, ergab sich dazu ein Wortwechsel. Auf dem Tisch lagen ein paar Geburtstagsgeschenke. *Frey* bemerkte dies und sagte: „Wenn ich gewusst hätte, dass Sie Geburtstag haben, dann hätte ich Ihnen ‚Theorien des Curriculums‘ auf Italienisch geschenkt. Es wird nämlich gerade ins Italienische übersetzt!“ Ich wendete ich mich an den Direktor: „Herr Frey, wie machen denn das die Italiener, Ihr Buch ins Italienische zu übersetzen? Es ist ja schon schwer ins Deutsche zu übersetzen!“

---

[23] Frey, K. (1971) *Theorien des Curriculums.* Weinheim: Beltz.

Frey war ein Meister des Indirekten und Ungefähren. Er sagte nie direkt seine Meinung, sondern tat so, als skizzierten seine Äußerungen nur eine Möglichkeit unter vielen. Er lobte in seinen Stellungnahmen als erstes etwas, das er eigentlich ablehnte, um sein Urteil mit einem „aber" anzuschließen. Er erfand für die Aktionen im IPN den Terminus „Interaktive Selbstorganisation". In diesem Rahmen setzte er jedoch seine Absichten stets ungemindert durch. Er hielt die unterrichtspraktische Ausrichtung für das IPN als einem forschenden nationalen Institut nicht für würdig, da das IPN international anerkannt werden müsse. Deshalb forderte er, die umfangreiche Curriculumforschung aufzugeben und nur noch Modelleinheiten zu konstruieren, deren Aufgabe es sein sollte, die Ergebnisse der Lehr-Lernforschung zu illustrieren. Schwerpunkt der Forschungen am IPN müsse die Grundlagenforschung werden.

Karl Frey war der erste der IPN-Direktoren aus den Erziehungswissenschaften, deren Wirken für das IPN zeitweise überlebenswichtig, für die Fachdidaktiken jedoch nach meiner Überzeugung nicht förderlich war und ist (s. Abschnitt Ein problematisches Verhältnis).
In meinen Augen ist die Organisation des IPN ein Paradebeispiel für ein Missverhältnis von Fachdidaktiken und Erziehungswissenschaft. Meine Zeit

als Mitarbeiter der Biologiedidaktik am Institut (1970-1982) hat mich davon überzeugt, dass die Einrichtung einer eigenen Abteilung Erziehungswissenschaft (später kam noch die Abteilung pädagogisch-psychologische Methodenlehre hinzu) ein Geburtsfehler des Instituts ist, da die Erziehungswissenschaftler von dieser Position her die Führungsrolle im Institut beanspruchen. Ich verkenne nicht, dass *Jürgen Baumert* durch sein konsequentes Eingreifen das IPN bei einer entscheidenden Evaluation gerettet hat. Dennoch sehe ich das Wirken der Direktoren der Erziehungswissenschaft am IPN für die Fachdidaktik überwiegend problematisch und als Beispiel für ein für die Fachdidaktiken abträgliches Zusammenwirken. Das liegt daran, dass den Fachdidaktiken häufig nicht auf Augenhöhe, sondern mit unangemessenen Ansprüchen aus rein psychologischer und pädagogischer Sicht begegnet wird. Negative Einstellungen und Bewertungen der Fachdidaktiken sind dabei oft eingeschlossen! Kooperation gelingt jedoch nur, wenn die Arbeit gegenseitig wertgeschätzt wird, also auch für die eigene Arbeit als wertvoll angesehen wird. In dieser Hinsicht ist die Förderung der ersten fachdidaktischen DFG-Anträge und die Mitarbeit der Erziehungswissenschaftler/-innen an den Oldenburger

Promotionsprogrammen als beispielhaft, aber leider nicht als die Regel anzusehen (s. Abschnitt Oh, Rekonstruktion).

Fachdidaktiker/-innen müssen den Ansprüchen, die von Erziehungswissenschaftler/-innen und Psycholog/innen an sie gestellt werden, in großen Teilen widersprechen. Ihre Wissenschaft liefert nicht Beispiele, die im Dienste stehen, im erziehungswissenschaftlichen Interesse generalisierte Erkenntnisse zu liefern. Fachdidaktiken sind eigenständige Disziplinen, die spezifische Erkenntnisse zum fachlichen Lernen anstreben und von daher von sich aus Ansprüche an Erziehungswissenschaften und Psychologie stellen. Fachdidaktiker/-innen können also keinesfalls auf die Kooperation mit Erziehungswissenschaftler/-innen verzichten, aber sie müssen dabei ihre eigenen Fragestellungen und Standards einbringen. Um dies zu fördern, wäre es angebracht, in einem *fachdidaktisch* ausgerichteten Institut keine eigene Abteilung Erziehungswissenschaft zu haben, sondern Erziehungswissenschaftler/-innen in die fachdidaktischen Abteilungen zu integrieren. Kriterien originär erziehungswissenschaftlicher Forschungen und deren Ansprüche können innerhalb der fachdidaktischen Forschung nicht gelten. (s. Abschnitt Ein problematisches Verhältnis).

Biologiedidaktik betreiben heißt, das Verständnis vom Lehren und Lernen der Biologie zu fördern. Sonst ist das biologiedidaktische Arbeiten verfehlt.

Biologiedidaktiker/-innen haben als Mitarbeiter/-innen am IPN von der Expertise ihrer Kollegen aus den Erziehungswissenschaften stets durchaus profitiert. *Karl Frey* erlaubte sich, vor den versammelten Lehrer/-innen eines IPN-Seminars die interdisziplinäre Zusammenarbeit am Institut mit den Worten zu verdeutlichen: „Wenn man etwa 10 Jahre am IPN ist, wie der Herr Kattmann, dann kann man ungefähr alles, – ungefähr gleich gut."

Als kommissarischer Abteilungsleiter verabschiedet mich 1982 Günter Eulefeld aus dem IPN, rechts: Karl Frey.

Häufig haben die Fachdidaktiker/-innen sich gegen die an sie gestellten Ansprüche wehren müssen. Ihre Arbeit war in diesem Umfeld jedoch offensichtlich erfolgreich, denn sie sind aus dem IPN mehrfach auf Professuren berufen worden: *Eberhard Schmidt* (Flensburg), *Gerhard Schaefer* (Hamburg), *Horst Bayrhuber* (Hannover), *Ulrich Kattmann* (Oldenburg), *Jürgen Mayer* (Gießen), *Susanne Bögeholz* (Göttingen), *Brunhilde Marquardt* (Bremen), *Angela Sandmann* (Dortmund), *Ute Harms* (München), *Armin Lude* (Ludwigsburg), *Helmut Prechtl* (Potsdam), *Marcus Hammann* (Münster), *Julia Schwanewedel* (Berlin).

Strukturen für den Biologieunterricht

Auf einer Strategiesitzung, zu der *Karl Frey* die Mitarbeiter/-innen der Abteilung Biologiedidaktik (wie sie jetzt hieß) geladen hatte, gelang es mir, ein Projekt mit fachdidaktischer Konzeption durchzusetzen: Es sollte untersucht werden, wie die bisher ziemlich unverbundenen verschiedenen Themen des Biologieunterrichts durch ein einigendes Band verknüpft werden können. Damit initiierte das IPN eine Strukturierungsdebatte. Auf einem Symposion wurden verschiedene Strukturierungsansätze vorgestellt und erörtert.[24] Die meisten Beiträge betrafen den Biologieunterricht auf der Sekundarstufe I. Die Überlegungen für den Sachunterricht auf der Primarstufe wurden getrennt weiterverfolgt.[25]

Seit seinem Beginn war der Biologieunterricht an Gymnasien an der Abfolge der zoologischen und botanischen Gruppen nach dem System von *Carl von Linné* orientiert: „absteigend" von den Säugetieren bis zu den Einzellern und von den Blütenpflanzen zu den Algen. Diese Ausrichtung galt als wissenschaftlich. Die Reformbewegungen um 1890 von *Otto Schmeil* und *Friedrich Junge* konnten daran wenig ändern. So sah der Unterricht in der Unter- und Mittelstufe (heute Sekundarstufe I) auch noch in meiner Schulzeit und der Referendarzeit 1968/69 aus.

Mit der Curriculumreform wurden die alten Lehrpläne obsolet. Führende Fachwissenschaftler setzten sich für eine Reform ein.[26] Der Unterricht

---

[24] Kattmann, U. & Isensee, W. (Hrsg.). (1975). *Strukturen des Biologieunterrichts*. Köln: Aulis.

[25] Lauterbach, R. & Marquardt, B. (Hrsg.). (1976). *Naturwissenschaftlich orientierter Sachunterricht im Primarbereich.* Kiel: IPN (Beltz).

[26] Markl, H. (1971). Prinzipien eines modernen Biologieunterrichts. *Mitteilungen des VDBiol,* (169), 815-819.

wurde in der Sekundarstufe I zunehmend mit Themen der Allgemeinen Biologie durchgeführt. Die Reform war längst überfällig, aber die Lehrpläne und Richtlinien hinkten hinterher.
Die Schulkommission des VDBiol erarbeitete unter Leitung von *Gerhard Schaefer* einen Rahmenplan für das Schulfach Biologie. *Schaefer* legte den Entwurf den Mitarbeiter/-innen des IPN vor. Wir diskutierten ihn eingehend und überarbeiteten ihn wesentlich. Der Rahmenplan wurde positiv aufgenommen und hat die Entwicklung der Lehrpläne in der Folgezeit entscheidend beeinflusst.[27]
Das erste Biologiebuch, das die allgemeinbiologische Orientierung konsequent umsetzte, hieß entsprechend „Kennzeichen des Lebendigen."[28]

Der Ausgangspunkt meiner Überlegungen für ein neues Strukturierungsprinzip war die Beobachtung, dass der Biologieunterricht angesichts der neueren Lehrplanentwicklung in mehr oder weniger zusammenhangslose Themen zu zerfallen drohte. Was hat für die Lernenden Ökologie mit Atmung und Blutkreislauf oder beides mit dem Verhalten von Tieren zu tun? Sollte es möglich

---

[27] VDBiol (Hrsg.). (1973). Rahmenplan des Verbandes Deutscher Biologen für das Schulfach Biologie. *Mitteilungen des VDBiol,* (192), 923-930. (1983 und 2000 neu bearbeitet.)

[28] s. Anmerkung 20

sein, für die Lernenden einsehbare Zusammenhänge zu stiften, indem man ein übergreifendes Strukturierungsprinzip formuliert und anwendet?
Diese Fragen führten mich zu meiner Dissertation: Ich war schon sieben Jahre am IPN tätig und hatte ziemlich viel zum Biologieunterricht veröffentlicht, war also als Biologiedidaktiker im Wissenschaftsbereich und bei Biologielehrer/-innen schon bekannt, als ich im Februar 1977 promoviert wurde. Ich hatte lange nach einem Thema gesucht, als ich den voraussichtlichen Doktorvater, den Institutsdirektor *Karl Frey*, fragte, was man von einer Dissertation erwarte. Die Antwort war in ihrer Unbestimmtheit für *Frey* charakteristisch und dennoch für mich überraschend. Er wiegte den Kopf hin und her, legte seine Hände ebenfalls wiegend zusammen und sagte mit seiner singenden hohen Stimme: „Nichts Besonderes, nichts Besonderes."
Nach dieser Auskunft wusste ich, was zu tun war. Ich beurlaubte mich selbst für ein halbes Jahr fast völlig vom Institut, was nicht weiter auffiel, weil ich meine Arbeit vorher erledigt hatte. Zu Hause schrieb ich in den 6 Monaten alles auf, was ich zu der Zeit wusste, genauer: die Ideen und Erfahrungen, die ich zu der mir vorschwebenden Gestaltung des Biologieunterrichts hatte. So entstand das Buch „Bezugspunkt Mensch, Grundlegung ei-

ner humanzentrierten Strukturierung des Biologieunterrichts." Den eingängigen Obertitel verdanke ich dem Vorschlag einer Kollegin, die den Untertitel als Titel zu spröde fand.

„Bezugspunkt Mensch" wurde ein Erfolg.[29] Das Buch wurde zweimal aufgelegt mit insgesamt 5000 Exemplaren. Es wurde auch von Biologielehrkräften gelesen. Die Vorschläge für einen humanzentrierten Unterricht wurden in vielen Lehrplankommissionen diskutiert und in Teilen umgesetzt.

---

[29] Kattmann, U. (1977). *Bezugspunkt Mensch. Grundlegung einer humanzentrierten Strukturierung des Biologieunterrichts.* Köln: Aulis.

Einige jüngere Kolleginnen und Kollegen haben mir erzählt, dass sie unsicher waren, ob sie in der Biologiedidaktik anfangen oder bleiben sollten. Sie haben mir gesagt, dass dieses Buch ihnen gezeigt habe, was und wie Biologiedidaktik eigentlich sein kann. Später wurden sie Professor/-innen der Biologiedidaktik.
Die IPN-Einheitenbank und die Strukturierungsdebatte hatten eine Breitenwirkung in die Lehrerschaft und die Lehrplanentwicklung, die von späteren IPN-Projekten nach meiner Beobachtung kaum wieder erreicht wurde. Das von *Ilka Parchmann* initiierte Projekt „Chemie im Kontext“ ist als Ausnahme hervorzuheben.[30]

Publizieren satt

In der 1970er und 1980er Jahren war die Nachfrage nach biologiedidaktischen Publikationen wesentlich größer als heute. Im IPN befriedigte eine institutsinterne Druckerei das Bedürfnis nach Vervielfältigung, sodass der Institutsname unter uns in „Institut für Papierverarbeitende Naturwissenschaften“ verballhornt wurde. Biologiedidaktische Veröffentlichungen wurde damals auch von

---

[30] Parchmann, I. & Ralle, B. (2016). Chemie im Kontext: Lernen von und in sinnstiftenden Zusammenhängen. *Naturwissenschaften im Unterricht – Chemie,* 27(153), 15-17.

Lehrerinnen und Lehrern gelesen. Das ziemlich theoretisch ausgerichtete Buch „Strukturen des Biologieunterrichts“[31] wurde zweimal aufgelegt (mit der Gesamthöhe von 3000). Den Auflagenrekord biologiedidaktischer Monografien hält die Habilitationsschrift „Kind und Natur“ von *Ulrich Gebhard* mit über 10 000 verkauften Exemplaren. Ulrich war damals Mitarbeiter von *Joachim Knoll* in Hannover. Ich hatte die Ehre, seine Habilitationsschrift als Auswärtiger zu begutachten.[32]

Es gab ein umfangreiches Spektrum an Unterrichtszeitschriften, in denen auch wegweisende konzeptionelle biologiedidaktische Artikel erschienen: „Naturwissenschaften im Unterricht-Biologie“ für die S I, „Praxis der Naturwissenschaften-Biologie“, „Der Biologieunterricht“ und die „MNU“-Zeitschrift für die S II, seit 1976 „Unterricht Biologie“ für alle Schulstufen. In der DDR erschien die Zeitschrift „Biologie in der Schule“, die nach der Wende als Möglichkeit der Publikation für die Bundesrepublik noch zum Spektrum hinzu-

---

[31] s. Anmerkung 24

[32] Gebhard, U. (1992). *Kind und Natur. Zur Bedeutung von Naturerfahrungen in der Kindheit.* [4. Aufl. 2013] Berlin/Heidelberg: Springer.

kam. Längere Zeit war die Zeitschrift „biologica didactica“ Forum für biologiedidaktische programmatische und konzeptionelle Beiträge.
Von diesem Kaleidoskop an Unterrichtszeitschriften sind heute nur das „MNU Journal“ und „Unterricht Biologie“ übriggeblieben, wobei letztere leider neben dem überwiegend auf Vermittlung von Fachwissen angelegten Basisartikeln und den unterrichtspraktischen Beiträgen heute kaum Raum für konzeptionelle fachdidaktische Artikel einräumt. Als langjähriger Mitherausgeber dieser Zeitschrift hatte ich stets darum zu kämpfen.
Erst 1995 wurde die „Zeitschrift für Didaktik der Naturwissenschaften“ vom IPN aus der Taufe gehoben. Sie ist seitdem das Forum für deutsche Biologiedidaktiker/-innen, sofern sie nicht bevorzugen, sofort in angelsächsischen Fachzeitschriften zu publizieren.
Das sollte jedoch keinesfalls die Mitwirkung in Unterrichtszeitschriften ersetzen (s. Abschnitt Empfehlungen an die Jungen).

Linke Gesinnung(en)

Die 1970er Jahre waren gekennzeichnet durch einen Aufbruch, bei der sich viele Menschen nach links orientierten. An den Universitäten und auch am IPN galt unter den Mitarbeitern als „links“ und

„Genosse“, wer sich außerhalb des demokratischen Spektrums kommunistisch, marxistisch-lenilistisch oder maoistisch bekannte. Sozialdemokratisch galt als revisionistisch und bei den sich als wahrhaft links Verstehenden als suspekt. Zu diesen suspekten Personen zählte ich. Sie saßen gleichsam zwischen zwei Stühlen: Den meist eher konservativ gesinnten älteren Vorgesetzten galten sie ebenfalls als links, bei den selbsternannten linken Orthodoxen als „Scheißliberale“.
Der SDS („Sozialistischer Deutscher Studentenbund“) war ein Sammelbecken der linken Studierenden. Eine seiner Forderung war, die konservativen und revisionistischen Parteien zu beseitigen, das Volk solle selbst entscheiden. Auf dem Mensa-Klo fand ich einen gekritzelten Toilettenspruch, der mich erheiterte: „Weg mit dem Volk, der SDS soll selbst entscheiden.“

In dieser zum Teil bedrängenden geistigen Situation, die durch das Aufkommen der Baader-Meinhof-Gruppe und ihren Terror verschärft wurde, suchten einige Biologiedidaktiker ihren eigenen Weg durch den Dschungel politischer und gesellschaftlicher Ansprüche. Dies äußerte sich besonders in unterschiedlicher Orientierung der Unterrichtsplanung an der Gesellschaftsrelevanz. Sie reichte von der marxistischen Position von *Mi-*

chael Ewers, den Biologieunterricht gesellschaftspolitisch zu begründen, über die „Existenzbiologie" von *Peter Drutjons*, den „zeitgemäßen Biologieunterricht" von *Lothar Staeck* und etwas später dem „ganzheitlich-kritischen Unterricht" einer Gruppe um *Wolfgang Ellenberger.* In diese Reihe[33] gehört auch der humanzentrierte Unterricht, den ich in „Bezugspunkt Mensch" dargelegt habe.[34] Die Kritik an meinem Ansatz kennzeichnet, an welchen Fronten gekämpft wurde. Darauf ging ich 1980 im Vorwort der 2. Auflage von „Bezugspunkt Mensch ein:

„Der humanzentrierte Ansatz beruht auf einem Verständnis der Fachwissenschaft, in dem die Überlebensfragen von Mensch und Biosphäre mit enthalten sind. Die Verknüpfung von fachlichen und sozial sowie individual relevanten Fragen ergibt sich für ihn zwanglos, da der Mensch selbst als Teil und Gegenüber der Biosphäre begriffen wird.

Gegen diese Sicht erheben sich von zwei ganz entgegengesetzten Seiten Einwände. Von der einen Seite

---

[33] Ewers, M. (1974). *Bildungskritik und Biologiedidaktik.* Frankfurt: Athenäum.

Drutjons, P. (1982). *Biologieunterricht 5-10.* Weinheim/Basel: Beltz.

Staeck, L. (1976). Plädoyer für einen gesellschaftsbezogenen Unterricht. *Unterricht Biologie*, 1(1), 46-49.

Ellenberger, W. (Hrsg.). (1993). *Ganzheitlich – kritischer Unterricht.* Berlin: Cornelsen.

[34] s. Anmerkung 29.

wird befürchtet, durch das Betonen gesellschaftsrelevanter und schülerrelevanter Fragen werde die Vermittlung von fachlich zuverlässigen Grundkenntnissen gefährdet und der Lehrer müsse sich auf Gebiete wagen, ‚in denen er notwendig Dilettant' sei.[35] *Von der anderen Seite wird unterstellt, die sozialen Bereiche würden mit biologiefachlichen Erklärungsmustern in ‚biologistischer' Weise gedeutet.*[36] *... Biologistisch können biologische Aussagen nur dann sein, wenn sie ideologisch oder interessengeleitet überzogen werden, nicht aber dann, wenn sie in klarer methodischer und inhaltlicher Beschränkung als Beitrag zu einem Problem eingebracht werden. ...*
Nach der bisherigen Diskussion um die sogenannte Gesellschaftsrelevanz des Biologieunterrichts verstehe ich es als das spezifische Anliegen und mögliche Leistung des humanzentrierten Ansatzes, dass die Verknüpfung von biologischen mit individual und sozial relevanten Fragen durchgehend die Strukturierung des Biologieunterrichts bestimmt. Dagegen wird apodiktisch eingewendet, man müsse entweder von einer fachlichen Struktur ausgehen und von da aus zu gesellschaftlichen Fragen kommen, oder von gesellschaftlich relevanten Fragen ausgehen und diese im Nachhinein mit fachlichen Themen verbinden. ‚Ein Drittes gibt es nicht – nur um den Preis eines sacrificium intellectus.'[37]

---

[35] Fels, G. (1978). Curriculumentwicklung und Schulpraxis. *Der Biologieunterricht,* 14(3), 51-67.

[36] Görgen, R. (1979). Die Sonderstellung des Menschen im System der Natur. *biologica didactica,* 2, 73-101.

[37] s. Anmerkung 35

Das mit dieser Behauptung geforderte strikte Nacheinander führt gerade im Unterricht und in der Curriculumentwicklung dazu, dass die so zusammengebrachten Teile als einander aufgesetzt erscheinen und sich nicht bruchlos zusammenfügen lassen. Kein rationaler Grund spricht gegen den Versuch, sozial und individual relevante Fragen bereits im Ansatz in die Struktur des Faches mit aufzunehmen und so gleichsam im mehrfachen Hin- und Her-Gehen zwischen den Bereichen diese von Anfang an aufeinander zu beziehen und in einer umfassenden biologischen Sicht zu integrieren."

In diesem Zusammenhang sind die Hessischen Rahmenrichtlinie für Biologie von 1973 zu erwähnen, die unter der Federführung von *Klaus Dylla* entwickelt wurden.[38] Der sozialdemokratische Kultusminister *Ludwig von Friedeburg* hatte als oberstes Lernziel der Schule „Emanzipation" ausgegeben. Sie sollte die zukünftigen Staatsbürger zu mündigem Verhalten in gesellschaftlichen und politischen Zusammenhängen befähigen.
Dylla selbst war eher konservativ gesinnt. Er war in meinen Augen, ebenso wie die Richtlinien vor allem wissenschaftlich orientiert.[39] Das hinderte

---

[38] Dylla, K. & Bojunga, W. D., Fokken, U., Kästle, G., Zannier, F. (1974). Zur Didaktik eines zeitgemäßen Biologie-Unterrichts – Zur Struktur des Faches. *Der mathematische und naturwissenschaftliche Unterricht (MNU)*, 27, 139-144.
[39] Dylla, K. (1972). Eine Untersuchung über die Transformierbarkeit moderner biologischer Erkenntnisse in dem

die Gegner nicht, *Dylla* und die Richtlinien als links zu verschreien. Die extrem links gesinnte *Sabine Stange* warnte ihn: „Die Rechten werden lügen und betrügen und Sie diffamieren.“ *Dylla* sagte dazu. „Ich habe ihr nicht geglaubt, aber genau das haben sie gemacht.“
Wie sehr die Einstellung der Biologiedidaktiker/-innen von den gegensätzlichen Fronten bestimmt war, zeigt auch die Reaktion der Etablierten auf den Umstand, dass *Günter Eulefeld* und ich uns mit Beiträgen an einem Buch beteiligten, das mit Texten von als links geltenden Autor/-innen gefüllt war und in der Tat einige stark polemische Artikel enthielt. Neben *Brunhilde Marquardt* wurde es von zwei links verorteten Personen herausgegeben. Man nahm uns das Umfeld übel, ohne den Charakter unserer eigenen Beiträgezu würdigen.[40] Dabei hatte Brunhilde durchgesetzt, dass die Beiträge von Günter und mir unverändert

---

Unterstufenunterricht. *Der mathematische und naturwissenschaftliche Unterricht (MNU)*, 25, 37-46.

[40] Eulefeld, G. (1978). Probleme der Wasserverschmutzung. In E. Busche, B. Marquardt & M. Maurer (Hrsg.), *Natur in der Schule. Kritik und Alternativen zum Biologieunterricht* (S. 284-298). Reinbek bei Hamburg: Rowohlt.

Kattmann, U. (1978). Biosphäre und Mensch. In E. Busche, B. Marquardt & M. Maurer (Hrsg.), *Natur in der Schule. Kritik und Alternativen zum Biologieunterricht* (S. 263-283). Reinbek bei Hamburg: Rowohlt.

im Buch erschienen, während ihre Mitherausgeberin und ihr Mitherausgeber unsere Beiträge zensieren oder zumindest bis zur Unkenntlichkeit kürzen wollten.

Man machte sich ein „linkes" Bild von mir. 1973 habe ich mich auf eine Professur für Humanbiologie an der PH Schwäbisch-Gmünd beworben. Der von dort nach Heidelberg gehende Inhaber der Professur war der Biologe und Theologe *Günter Altner*. Der Religionspädagoge der Hochschule schrieb mir, dass sie wieder eine Person mit dieser Kombination suchten (was sich später als unzutreffend herausstellte). Ich bewarb mich. Obwohl ich noch nicht promoviert war, wurde ich eingeladen. Später wurde mir kolportiert, der Matador des Schwäbischen Ländle, *Ernst Waldemar Bauer,* Biologiedidaktiker und Direktor des Seminars für Schulpädagogik in Esslingen, habe gewarnt: „Den Kattmann, den dürfe wir net neilasse!"

Die Universität Oldenburg galt wie die Universität Bremen lange Zeit als „rote Kaderschmiede". Als ich 1982 an die Universität berufen wurde, war wenig davon zu spüren.
Der Einfluss sozialistischer Terminologie zeigte sich jedoch in meiner allerersten Lehrveranstaltung. Es war die erste Kursstunde in der Übung

„Schulversuche zur Humanbiologie“. Eine Studentin referierte kenntnisreich über die Anatomie des Ohrs und sagte: „Die Gehörknöchelchen heißen Amboss, Hammer und Sichel.“ Die Studierenden hörten dies ohne zu reagieren. Ich fragte „Wie bitte?“ Worauf sich die Studentin lachend korrigierte und damit allgemeine Heiterkeit auslöste.

Unterricht angesichts der Überlebenskrise

In den 1970er Jahren hatte die Umwelterziehung Konjunktur. Fast jeder engagierte sich hier, sodass ich mich nicht veranlasst sah, ebenfalls schwerpunktmäßig in diesem Bereich zu arbeiten, obgleich mich die Probleme bewegten. Am IPN leitete *Günter Eulefeld* die diesbezüglichen Projekte. Die Umweltbildung erschien im Institut derart wichtig, dass sich auch der Direktor, *Karl Frey,* einschaltete und zusammen mit Günter eine interdisziplinare Arbeitsgruppe einrichtete, die ein umfangreiches didaktisches Konzept zur Umwelterziehung entwickelte.[41]

Um das vorgeschlagene Konzept zu verbreiten, fand am IPN ein Seminar mit zahlreichen auswärtigen Expert/-innen statt. Als ich das mit großem

[41] Eulefeld, G., Frey, K. & Haft, H. (1990). *Ökologie und Umwelterziehung. Ein didaktisches Konzept.* Stuttgart: Kohlhammer [Entwurf: 1976].

Aufwand erstellte Konzept las, wurde ich bereits im Vorfeld des Seminars aktiv. Mir fehlte im Konzept ein deutliches Engagement für umweltpolitische Fragen. Insgesamt erschien es, durch erziehungswissenschaftliche Diktion die Probleme zu verwässern. Schließlich war das Thema eigentlich durch die Umweltgefahren motiviert, die durch den Bericht „Die Grenzen des Wachstums" des Club of Rome ins öffentliche Bewusstsein gerückt waren.[42] Als (kühnen) Gegenentwurf schrieb ich einen Aufsatz, der zum Seminar gedruckt vorlag.[43] Mein Motto: „Unterricht angesichts der Überlebenskrise." wurde in der Folgezeit vielfach zitiert, meist ohne die grundlegenden Einsichten zu rezipieren: Die Begrenztheit des Lebensraums des Planeten Erde sowie die nötige enge Koppelung von lokalem und globalem Handeln.

Die Umweltbildung wurde in Deutschland von vielen Biologiedidaktiker/-innen vorangetrieben.

---

[42] Meadows, D, et al. (1972). *Die Grenzen des Wachstums. Bericht des Club of Rome zur Lage der Menschheit.* Stuttgart: Deutsche Verlagsanstalt.

[43] Kattmann, U. (1976). Unterricht angesichts der Überlebenskrise. Zur Grundlegung eines didaktischen Konzepts für die Umwelterziehung. *Beiträge zum mathematisch-naturwissenschaftlichen Unterricht, 31, 2-25.*

In Österreich haben dies in erster Linie *Ulrike Unterbruner* und Georg *Pfligersdorffer* getan.[44] Ulrike hat die Entwicklung der Umweltbildung mehrperspektivisch dargestellt.[45]

Unter den Beteiligten an der Umweltbildung ragt *Gerhard Winkel* heraus. Er gründete und leitete das Schulbiologiezentrum der Stadt Hannover, das national und international als Vorbild für Umweltzentren diente.[46] Außerdem entfaltete er mit dem Konzept des Pflegerischen einen Kern aller pädagogischen Bemühungen.[47] Gerhard wurde von der Universität Flensburg auf Betreiben von *Willfried Janßen* und *Wilfried Probst* 1994 mit dem Ehrendoktor ausgezeichnet.

---

[44] Pfligersdorffer, G. & Unterbruner, U. (Hrsg.). (1994). *Umwelterziehung auf dem Prüfstand. Ergebnisse der Tagung „Umwelterziehung in Österreich“: Prüfbericht der OECD, Forschung und Ausblicke*. Innsbruck: Österreichischer Studienverlag.

[45] Unterbruner, U. (2016). Umweltbildung. In H. Gropengießer, U. Harms & U. Kattmann (Hrsg.), *Fachdidaktik Biologie* (10. Aufl., S. 169-190). Hallbergmoos: Aulis.

[46] Schulbiologiezentrum Hannover (Hrsg.). (1996). *Umwelterziehung zieht Kreise*. Hannover: Kallmeyer.

[47] Winkel, G. (1978). Das Pflegerische als Leitidee der Schule. *Naturwissenschaften im Unterricht – Biologie,* 26(6), 163-170.

Gerhard Winkel demonstriert 1982
im Schulbiologiezentrum Besuchern aus dem IPN seine
Pflanzenzucht.

Sexuelle Konflikte

Heute ist Sexualerziehung fast selbstverständlicher Pflichtteil der schulischen Bildung. Auch wenn Vorbehalte und Ablehnung nach wie vorgegeben sind, inzwischen vermehrt von Muslimen vorgebracht werden und zuletzt Elterninitiativen gegen die Thematisierung von sexueller Vielfalt im Unterricht in Baden-Württemberg auf die Straße gingen, so ist heute doch kaum noch vorstellbar, welch unsichere Situation in der 1970er Jahren beim Unterrichtsthema Sexualität in der Schule herrschte. Reine Mädchen- bzw. Jungengymnasien waren in meiner Schulzeit das Nor-

male und auch noch, während ich in Hannover unterrichtete. Erst ab Mitte der 1970er Jahre trug die Diskussion um die Koedukation Früchte: Ein Gymnasium nach dem anderen wurde nach und nach in ein gemischtes umgewandelt.
Als ich 1968 an der Helene-Lange-Schule als Referendar unterrichtete, war sie ein Mädchengymnasium. Nur das Kollegium war gemischt.
Eines Tages kam eine Kollegin auf mich zu. Sie war eine promovierte Diplombiologin, die wegen des damals herrschenden Lehrermangels ohne Lehramtsausbildung und ohne Referendariat als Biologielehrerin eingestellt worden war. Sie bat mich, in ihrer Klasse zu unterrichten: „Die Mädchen gehen mir über Tisch und Bänke, die müssen jetzt mal einen Mann sehen." Es war eine Klasse 10. Wie der Lehrplan es vorsah, unterrichtete ich Menschenkunde. Die Mädchen arbeiteten völlig normal mit. Als ich das Thema „Atmung" nach allen Regeln der Kunst – u. a. mit Modellen (Dondersche Glocke mit Luftballons) und Versuchen zur Ein- und Ausatemluft mit Kalkwasser – durchgenommen hatte, meldete sich eine Schülerin aus der ersten Reihe. Wie sich im Folgenden herausstellte, wiederholte sie die 10. Klasse. Sie sagte in bestimmenden Ton: „Herr Kattmann, so geht das nicht weiter!" Mir schoss durch den Kopf, „Was ist jetzt los? Was habe ich falsch gemacht?" Die Schülerin fuhr unbeirrt von meinem überraschten

Gesicht fort: „Im letzten Jahr haben wir noch die Ernährung durchgenommen, und dann noch die Niere – und zur Sexualerziehung sind wir nicht mehr gekommen: Wir wollen jetzt Sexualerziehung haben!“ Ohne eine Antwort von mir abzuwarten fuhr sie fort: „Sie brauchen auch gar nichts zu machen. Wir haben die Referate schon verteilt. Sie können sich dahinten hinsetzen und zuhören.“ Die Mädchen hatten drei Themen vorbereitet, zu denen ich ihnen auf Nachfrage weitere Literatur lieferte – nach den drei Referaten übernahm ich den Unterricht.

Die Aufgabe, zur Sexualität des Menschen zu unterrichten, traf mich nicht unvorbereitet. Im Studium hatte ich mich mit Themen der Sexualerziehung bereits theoretisch beschäftigt. An einem der nächsten Tage kam die Direktorin der Helene-Lange-Schule auf mich zu. Sie hatte die Gabe, durch einen Menschen, den sie nicht beachten wollte, hindurchzusehen. Mich konnte sie wenig leiden. Sie blickte daher meistens durch mich hindurch, wenn wir uns auf den Schulfluren begegneten. Dieses Mal fixierte sie mich jedoch mit ernster Miene und sagte: „Wissen Sie, dass Sie mit einem Bein im Gefängnis stehen?“ Sie legte mir nahe, den Unterricht in Klasse 10 abzugeben. Sie hatte nicht ganz Unrecht. 1968 hatte die Kultusministerkonferenz zwar gerade erstmals eine Vereinbarung zur Sexualerziehung an den Schulen getroffen, die aber war rechtlich unverbindlich, solange sie von den Landesregierungen nicht in Richtlinien umgesetzt wurde. Das war in Niedersachsen noch nicht geschehen. Mein Unterricht hatte also keine rechtliche Basis. Ich erwiderte der Direktorin, dass ich dem Thema nicht ausweichen wolle. Sie meinte nur: „Sehen Sie sich vor!“ Ich unterrichtete wie geplant.

Die rechtliche Situation der Sexualerziehung war also damals alles andere als klar. Dennoch gab es mutige Lehrerinnen und Lehrer. Zu ihnen gehörte *Wolfgang Palm*, der später mit *Ferdinand Rüther* und mir das Unterrichtswerk „Kennzeichen des Lebendigen“ herausgegeben hat.[48] Er veröffentlichte 1968 einen Artikel zur Sexualerziehung im Biologieunterricht in der Zeitschrift des MNU.[49] *Palm* war ein kantig wirkender Biologe, der sowohl unterrichtlich wie wissenschaftlich äußerst versiert und ein Freund klarer Worte war. Da er zu der Zeit in Papenburg – im stockkatholischen Emsland – unterrichtete, musste er sich entgegen seiner Gewohnheit vorsichtig ausdrücken. Deshalb steht in seinem MNU-Artikel die salbungsvolle Wendung, dass Kinder „in Stunden besonders

---

[48] s. Anmerkung 20

[49] Palm, W. (1968). Sexualerziehung im Biologieunterricht der 5. Klasse. Ein Unterrichtsbeispiel. *Der mathematische und naturwissenschaftliche Unterricht,* 21, 28-33.

großer Liebe zwischen den Eltern“ entstehen. Mein Fachleiter, *Walter Brunner*, kommentierte den Satz: „Und wann entstehen Zwillinge? In einer Doppelstunde!“

Im Unterricht unumwunden von sexueller Lust zu reden, war selbst außerhalb katholisch geprägter Umgebung ein Wagnis. Ich selbst verlegte mich im Unterricht der 10. Klasse ebenfalls auf das Thema „Liebe“, allerdings im säkular-evangelischen Hannover offensiver als *Palm* im katholischen Emsland und ich thematisierte sie abgelöst von der Fortpflanzung. Ich hatte eine Lehrprobe, einen sogenannten großen Unterrichtsbesuch: nicht nur in Anwesenheit des Fachleiters, sondern auch des Seminardirektors, der Direktorin der Schule und einer Anzahl von Mitreferendar/-innen.

Als Thema wählte ich „Eheliche Liebe“. Zum Einstieg in die Stunde spielte ich ein Lied aus dem damals aktuellen Musical „Anatevka“ vor (von einer Schallplatte mit Plattenspieler, heute kann man die Szene mit dem Lied mittels Computer bei Youtube ansehen und das Lied anhören): Tevje, der Milchmann, sitzt mit seiner Frau Golde vor seinem Haus. Eine seiner Töchter will einen armen Schlucker heiraten und sich nicht, wie es Tradition ist, durch die Heiratsvermittlerin eine gute Partie vermitteln lassen. Angeregt durch die Verliebtheit seiner Tochter stellt Tevje seiner Frau Golde 25 Jahre nach der Heirat eine überraschende Frage.

Der Text des Lieds:

Golde, liebst du mich? Ist es Liebe?“

„Ist es ... was?

„Ist es Liebe?“

„Ist es Liebe? Mit fünf heiratsfähigen Töchtern fragt ein Mann doch nicht so dumm. Du bist krank! Geh ins Haus! Leg dich hin! Ruh dich aus! Mach schon, was ich dir sage!“

„Golde, hör zu, was ich dich frage! Ist es Liebe?“

„Lass das sein!“

„O nein! Sag: Ist es Liebe?“

„Ist es Liebe? Seit fünfundzwanzig Jahren, da wasche ich, koche ich, putze ich, gab dir fünf Töchter, melk die Kuh. Nach fünfundzwanzig Jahren, lass mich damit in Ruh!“

„Wir sahen uns zur Hochzeit das allererste Mal. Ich war scheu.“

„Und ich auch.“

„Ich war ängstlich.“

„Und ich auch.“

„Unsere Mütter, unsere Väter, sagten Liebe kommt erst später. Sag, Golde, liebst du mich denn? Ist es Liebe?“

„Ist es Liebe? Ich bin dein Weib!“

„Ich weiß! Sag: Ist es Liebe?“

„Ist es Liebe? Seit fünfundzwanzig Jahren leb ich mit dir, lach mit dir, wein mit dir, seit fünfundzwanzig Jahren ist dein Bett mein, das muss ja Liebe sein.“

„Oh, Weib, du liebst mich!

„Ich mein, dass ich's tu.“

„Ich lieb dich, Golde, immerzu!“
Beide: „Man wusste voneinander nicht Bescheid. Doch nach fünfundzwanzig Jahren wird‘s endlich Zeit.“

Es schloss sich ein Unterrichtsgespräch an, in dem die Schülerinnen ihre Meinungen zu Liebe und Ehe äußerten, austauschten, reflektierten und – durch die ihnen zunächst fernliegenden Gedanken des Liedtextes – fortbildeten.
Zu diesem Thema mit einem solchen Einstieg eine Lehrprobe in Biologie zu machen, war gewagt. Aber es gefiel mir, meine Prüfer vor eine auch für sie neuartige Situation zu stellen. Mein Fachleiter, *Walter Brunner*, berichtete mir, dass der Seminarleiter bei der Notenfindung kritisiert habe, das sei keine Biologiestunde gewesen. Er selbst aber habe betont, dass er sich so einen Biologieunterricht vorstelle, in dem auf die Gedanken und Fragen der Schülerinnen eingegangen wird und Schüler-Schüler-Gespräche angeregt werden.

Innerhalb der Curriculumentwicklung des IPN übernahm ich 1970 selbstverständlich die Federführung bei der Unterrichtseinheit „Sexualität des Menschen“[50]. Sie betraf die 5. und 6. Klasse. Wir

---

[50] s. Anmerkung 15

behandelten in dieser Unterrichtseinheit Themen, die damals noch heikel waren, wie Selbstbefriedigung, sexuelle Lust und Verhütungsmittel (Pille und Kondom). Parallel zur Unterrichtseinheit entwarf ich als Rahmen für die Sexualerziehung einen Lernzielkatalog.[51] Gegen die Unterrichtseinheit und den Lernzielkatalog gab es bald Proteste. Nicht von Eltern, sondern von einigen konkurrierend publizierenden Sexualerziehern und aus der Schulverwaltung. Gegen den Lernzielkatalog wurde auch deshalb polemisiert, weil man ihn auf die 5. und 6. Klasse bezog, also nicht beachtete, dass er die gesamte Schulzeit und somit alle Klassenstufen betraf.

Die Angriffe richteten sich in der Hauptsache gegen das Lernziel zur Homosexualität. Es steht im Katalog am Ende einer Reihe von sozialen Lernzielen:

„2. Offenheit für sexuelle Beziehungen zwischen Menschen

....

2.2. Bejahen verschiedener sozialer Formen menschlicher Sexualität:

2.2.1. Bejahen der Verschiedenartigkeit sozialer Formen sexueller Partnerschaft,

---

[51] Kattmann, U. (1972). Lernziele zur Sexualerziehung im Biologieunterricht. *Praxis der Naturwissenschaften-Biologie*, 21(12), 221-231.

2.2.2. Bejahen unterschiedlicher sozialer Formen von menschlicher Sexualität in verschiedenen Kulturen,
2.2.3. Bejahen sozialer Äußerungsformen von Kinder- und Jugendsexualität (z. B. kindliche sexuelle Spiele, sexuelle Experimente in der Pubertät),
2.2.4. Bejahen der Sexualität alternder Menschen,
2.2.5. Bejahen der Sexualität zwischen Menschen verschiedener Rassen,
2.2.6. Bejahen der Sexualität bei Homosexuellen als einer Äußerungsform menschlicher Sexualität."

Da das IPN als ein überregionales Institut von den Bundesländern mitfinanziert wurde, reichte die Kritik von Kiel bis München. An der Gesamtschule Nürnberg-Langwasser unterrichtete man die IPN-Unterrichtseinheit auf der 5. Klassenstufe und lud mich seit Jahren ein, den Elternabend für alle 5. Klassen zu halten. Nicht in Nürnberg, sondern im Bayerischen Landtag wurde gegen meine Arbeit protestiert. Der damals bundesweit hoch angesehene Bayerische Kultusminister, Professor *Hans Maier*, bezeichnete meine Lernziele im Bayerischen Landtag als „hirnrissig".

Im und um das IPN herum braute sich eine Gewitterfront zusammen. Der Direktor, *Karl Hecht*, und der Abteilungsleiter, *Gerhard Schaefer*, schlugen mir vor, das Lernziel zur Homosexualität zu ändern. „Bejahen" sei missverständlich, ich möge es

durch „Tolerieren“ oder wenigstens durch „Akzeptieren“ ersetzen. Ich spürte jedoch in den Wörtern „Tolerieren“ und auch in „Akzeptieren“ einen unausgesprochenen Vorbehalt oder ein Vorurteil gegenüber Homosexuelle. Homosexualität wurde damals von vielen als Perversion wie z.B. Sodomie betrachtet, und so stand es auch noch in Biologie-Schulbüchern. Ich lehnte den Vorschlag ab.
Die Auseinandersetzungen um die Unterrichtseinheit ging weiter. Wie Gerhard mir viele Jahre später mitteilte, wurde er ebenfalls unter Druck gesetzt. Er war noch nicht habilitiert, hatte die Habilitation aber bei der Fakultät beantragt. Der Kurator der Universität nahm ihn beiseite und empfahl ihm in Bezug auf die Unterrichtseinheit „Sexualität“: „Herr Schaefer, stehen Sie sich nicht selbst im Wege!“
Schließlich wurde die Auseinandersetzung in das Aufsichtsgremium des IPN getragen. An der Sitzung des Kuratoriums durfte ich teilnehmen, wurde aber von einem Abteilungsleiter vergattert, ja nichts zu sagen, sondern – was auch immer geäußert werde – mit Pokermine zuzuhören.
Einen Vorgeschmack auf die Diskussion hatte mir der Brief eines Kurators gegeben. *Theodor Wilhelm*, Professor für Pädagogik an der Universität Kiel, schrieb ihn an seine Mitkuratoren, da er ver-

Mitkuratoren, da er verhindert war, an der Sitzung teilzunehmen. Ich bekam vom Institutsdirektor eine Kopie. In dem Brief hieß es, dass Sexualerziehung völlig unnötig sei. Die jungen Leute hätten keine Anleitung nötig, denn, wenn es darauf ankomme „klappt das auf den ersten Anhieb.“ Der Lapsus im Deutschen erheiterte mich, der traurige Inhalt des Briefs ließ für die Kuratoriumssitzung Böses erahnen. Es kam noch schlimmer als befürchtet. Die Argumente gegen Sexualerziehung allgemein und die IPN-Unterrichtseinheit im Besonderen waren unsäglich. Ein angesehener Professor der Angewandten Physik, der überdies zusammen mit *Karl Hecht* als Mitbegründer des IPN gilt, meinte, Sexualität sei wegen des Schamgefühls nichts für den Schulunterricht und verstieg sich dazu, seine Meinung mit einem tierischen Beispiel zu belegen: Er sei in Arabien gewesen. Selbst die Kamele der Beduinen begatteten sich nicht in der Öffentlichkeit, sondern gingen dazu hinter das Zelt. Die Professoren schaukelten sich gegenseitig in ihrer Kritik hoch. Es gab nicht eine einzige positive Äußerung zur Unterrichtseinheit.

Erst ganz zum Schluss, der Vorsitzende wollte die Diskussion schon abschließen, meldete sich *Otto Brüggemann*. Er war als einziger Kurator kein Professor, aber der einzige Experte. Als Oberschulrat in Hamburg hatte er 1967 ein Buch geschrieben mit dem Titel „Sexuelle Konflikte an Gymnasien“.[52] Darin prangerte er an, wie schrecklich mit jungen Menschen bei angeblichen sexuellen Vergehen umgegangen wurde. Schwangere Mädchen wurden automatisch von der Schule gewiesen. Schülerinnen und Schüler, die sich auf dem Schulweg küssten, bekamen einen ernsten Verweis. *Brüggemann* erhob sich und sagte: „Meine Herren,“ (Damen waren nicht anwesend) „Ihre Diskussion steht unter dem Niveau der Unterrichtseinheit.“ Die Mitglieder des Kuratoriums schienen zu erstarren. In das gespannte Schweigen hinein hielt *Brüggemann* die Erprobungsfassung der Unterrichtseinheit in die Höhe, schlug sie auf und zitierte aus dem Vorwort, das ich der Unterrichtsanleitung vorangestellt hatte:

„Gerade in der Sexualpädagogik ist es notwendig, den eigenen Standpunkt immer wieder zu überprüfen und gegebenenfalls zu revidieren. Die Autoren sind sich dessen für sich selbst bewusst. Die Unterrichtseinheit ‚Sexualität des Menschen‘ mag auch den Leser dazu auffordern.“

Brüggemann setzte sich. Die Sitzung war zu Ende und der Spuk war vorbei. Der Angriff auf die Unterrichtseinheit und auf mich war abgewehrt. Ohne die Intervention von *Brüggemann* wäre

---

[52] Brüggemann, O. (1967). *Sexuelle Konflikte an Gymnasien*. Heidelberg: Quelle & Meyer.

meine Anstellung am IPN und damit meine wissenschaftliche Karriere wohl zu Ende gewesen, denn das ganze Spektakel der Kuratoriumsmitglieder schien darauf angelegt, das Thema Sexualerziehung und mich aus dem IPN zu entfernen. *Gerhard Schaefer* konnte sich 1974 erfolgreich an der Universität Kiel habilitieren.[53]

Auch wenn ich hier von mir erzählt habe, die Biologiedidaktikerin, die sich am längsten und intensivsten mit Sexualpädagogik beschäftigt sowie sie durch weiterführende pädagogisch und gesellschaftlich orientierte Beiträge bereichert hat, ist *Karla Etschenberg*.[54] Ihre Kolleginnen und zuvörderst Kollegen hat sie in der Frühzeit der Sexualerziehung (und auch noch später) provoziert, manchmal schockiert. Bei ihren zahlreichen Vorträgen demonstrierte sie die Handhabung eines Kondoms angeblich durch Abrollen an einem Besenstiel und meinte außerdem, Männer sollten ihre Körperflüssigkeit gefälligst vernünftig entsorgen. Bei der Anmeldung zu einer Tagung wurde sie gefragt: „Mitglied?“, Karla: „Nein, ohne!“

---

53 Schaefer, G. (1974). *Kybernetische Konzepte als Instrumente für die Begriffsbildung in der Biologie*. Kiel: Universität.

54 Etschenberg, K. (2016). Sexualbildung. In H. Gropengießer, U. Harms & U. Kattmann (Hrsg.), *Fachdidaktik Biologie* (10. Aufl., S. 157-168). Hallbergmoos: Aulis.

Das Feigenblatt und die Geschlechtlichkeit des Lebendigen

Die Abteilungsleiter des IPN saßen Mitte der 1970er Jahre zusammen und berieten die zukünftige Ausrichtung des IPN. Der Direktor, *Karl Frey* schlug – wie bereits oben erwähnt – vor, die Curriculumentwicklung einzustellen und stattdessen psychologisch-pädagogische Forschung zu betreiben (s. Abschnitt Erziehungswissenschaftliche Wende). *Johann Weninger,* der Abteilungsleiter Chemiedidaktik, widersprach entschieden. Er werde das Chemiecurriculum bis zum Abschluss fortführen. Da stehe er bei seinen Chemielehrern im Wort. Und er halte sich noch an so etwas wie Nibelungentreue. *Gerhard Schaefer* wollte das Gespräch auflockern und kommentierte mit einem Hinweis auf den Recken Siegfried, dass die Nibelungentreue verletzlich sei. Siegfried habe doch eine schwache Stelle gehabt. Als er im Drachenblut badete, das ihn unverletzlich machen sollte, sei ihm ein Feigenblatt auf den Rücken gefallen, sodass er an dieser Stelle verwundbar blieb. Der anwesende Verwaltungsleiter des IPN, *Thorsten Kapune,* lachte bei dieser Bemerkung laut auf: „Dass Sie vom Feigenblatt reden, ist wohl dem Kattmann-Effekt geschuldet: Wie soll denn wohl ein Feigenblatt im deutschen Wald vom Himmel fallen? Das war ein Lindenblatt!“

Der Kattmann-Effekt war geboren. Er besteht darin, dass die damalige Verbindung meiner Person mit Sexualerziehung diejenigen, die viel mit mir zu tun hatten, dazu verleitete, auch in ganz anderen Zusammenhängen an Sexuelles zu denken. Meinen Abteilungsleiter hatte er erwischt.

Dem Kattmann-Effekt unterlag auch *Gunda Voßkämper*, unsere Sekretärin, die hauptsächlich für mich arbeitete. 1975 veröffentlichten wir den Band „Strukturen des Biologieunterrichts", den ich zusammen mit meinem Kollegen *Wolf Isensee* herausgegeben habe[55]. Das Buch war als Bericht über das gleichnamige IPN-Symposion die zentrale Veröffentlichung zur Strukturierungsdebatte (s. Strukturen für den Biologieunterricht). Ein Beitrag war von dem Evolutionsbiologen und meinem späteren Freund *Gerd von Wahlert* verfasst. Er hatte den Titel: „Die Geschichtlichkeit des Lebendigen als Aussage der Biologie."[56] In ihm legte Gerd dar, wie wichtig der historische Aspekt, also die Evolution für den Biologieunterricht ist, sodass sie als Leitlinie verwendet werden sollte (s. Abschnitt Leitlinie Evolution).

---

55 s. Anmerkung 24

56 Wahlert, G. von (1975). Die Geschichtlichkeit des Lebendigen als Aussage der Biologie. Ein Beitrag zur Strukturierungsdebatte. In U. Kattmann & W. Isensee (Hrsg.), *Strukturen des Biologieunterrichts* (S. 46-58). Köln: Aulis.

Der Text des Buches wurde von Gunda auf der Schreibmaschine geschrieben. Um die Titelzeilen von den Typen der Schreibmaschine abzuheben, wurden die Titel der Beiträge mit Letraset aufgetragen, d. h., jeder Buchstabe wurde einzeln auf die Seite aufgedrückt. (So etwas Schönes wie einen Schreibcomputer gab es noch nicht.) Den Text des Buchs las ich samt Titelzeilen Korrektur. Bei der allerletzten Durchsicht vor der Abgabe zum Druck fiel mir auf einmal die Titelzeile des Beitrags von Gerd ins Auge. Ich hatte sie mehrmals gelesen und nie war mir etwas aufgefallen. Aber jetzt las ich: „Die Geschlechtlichkeit des Lebendigen als Aussage der Biologie.“ Ich stürzte eilig zu Gunda und fragte sie, was sie sich dabei gedacht hatte.

Wir mussten beide lachen. Gunda griff zu Letraset und drückte die Buchstaben neu aufs Papier. Gerd und die Leser hätten sicher nicht gelacht und sich keinen Reim daraus machen können, wenn die Zeile nicht korrigiert gedruckt worden wäre. Auch mir wäre sicher das Lachen vergangen.

Das Hamburger Bewerbungskarussell

Als ich 1977 promoviert war, forderte mich *Hartmut Entrich* auf: „Jetzt musst du dich überall auf Professorenstellen bewerben." Hartmut war gerade nach Bremen zum Professor berufen worden. Ich hatte noch gar nicht an Bewerbungen gedacht und meinte erst noch habilitieren zu sollen. Aber so ermuntert, verfolgte ich die Ausschreibungen. Die erste Ausschreibung betraf eine neue Professur an der Universität Hamburg. Dort existierte bereits eine Professur für Biologiedidaktik, die *Martin Hoebel-Mävers* innehatte. Hartmut hatte bei ihm promoviert und war mit den Hamburger Verhältnissen bestens vertraut.

Hoebel-Mävers galt unter uns jungen Biologiedidaktiker/-innen als eine etwas schräge Figur, was daran lag, dass er auf den Tagungen ziemlich unverständliche Vorträge hielt, die er zudem in ungewohnter Betonung vorlas, was die Uneingeweihten entsetzte. Einmal redete er die Kolleginnen und Kollegen mit „Liebe Kommilitoninnen und Kommilitonen" an. Er verlas offensichtlich ein Skript zur Begrüßung der neuen Studierenden in Hamburg. Dabei war er eigentlich ein liebenswürdiger, aber wohl durch den Umgang mit Kollegen frustrierter Mensch.

Er hat eifrig publiziert und war daher ziemlich bekannt, auch in der DDR. Bei einem Symposium in Greifswald 1987 zitierte ihn ein DDR-Kollege:

„Hoebel und Mävers schreiben …“ Ich klärte ihn auf, dass die vermeintlichen beiden Personen chromosomenidentisch sind (s. Abschnitt Ostkontakte).

Nach vielen Jahren traf ich *Hoebel-Mävers* in Heidelberg im Stadtbus auf dem Weg zu einer Tagung. Er fragte mich, ob ich ebenfalls vortrage. Ich bejahte. Er wollte das Thema wissen. Ich antwortete, ich wolle für Evolution als Leitlinie des Biologieunterrichts plädieren: *Otto Schmeil* habe gefordert: „Der naturgeschichtliche Unterricht muss ein biologischer werden“[57] und ich fordere: „Der Biologieunterricht muss ein naturgeschichtlicher werden.“[58] *Hoebel-Mävers* war entsetzt: „Was? Sie vergleichen sich mit Schmeil?“ Ich meinte nur „Warum nicht?“ Auf der Tagung habe ich *Hoebel-Mävers* dann anders kennengelernt als ich ihn bisher kannte. Sein Vortrag war verständlich. Seine Idee des Transsekts im Ballungsraum ist ein unterrichtspraktischer Beitrag zum Freilandunterricht.[59]

---

[57] Schmeil, O. (1896). *Über Reformbestrebungen auf dem Gebiete des naturgeschichtlichen Unterrichts.* Leipzig: Nägele.

[58] s. Anmerkung 108

[59] Hoebel-Mävers, M. (1994). Lernortdidaktische Studien zu einem Transsekt in HH-Wilhelmsburg. In L. Jäkel, M. Schallies, J. Venter & U. Zimmermann (Hrsg.), *Der Wandel*

Die Biologiedidaktik unterscheidet sich in Hamburg von anderen Universitäten dadurch, dass sie nicht dem Bezugsfach Biologie zugeordnet ist, sondern der Erziehungswissenschaft. *Hartmut Entrich* ermunterte mich, mich in Hamburg zu bewerben. Tatsächlich wurde ich zum Vortrag eingeladen. Ich sollte eine halbe Stunde sprechen und dann für eine Diskussion zur Verfügung stehen. Außer mir waren drei weitere Bewerber eingeladen, darunter auch *Martin Hoebel-Mävers*, der als Hausbewerber die höher dotierte neue Stelle anstrebte.
Als ich meinen Vortrag beginnen wollte, wurde ich vom Vorsitzenden ermahnt, die 30 Minuten für den Vortrag einzuhalten. Auf meine spontane Bemerkung, „Ich hoffe, hier sitzt keiner mit einer Stoppuhr", zeigte man mir den Mitarbeiter, der tatsächlich mit einer Stoppuhr dasaß, und forderte, dass ich streng auf die Zeit achten sollte, da alle Bewerber gleichbehandelt werden müssten. Solche Gepflogenheiten waren mir neu. Ich ließ mich nicht aus der Ruhe bringen, hielt meinen Vortrag zum humanzentrierten Ansatz und die Zeit ein. Die Diskussion verlief problemlos. Ich hatte ein gutes Gefühl.

---

im Lehren und Lernen von Mathematik und Naturwissenschaften. Band II: Naturwissenschaften (S. 182-185). Weinheim: Deutscher Studienverlag.

Über den weiteren Verlauf der Bewerbung unterrichtete mich stets aktuell ein Hamburger Gewährsmann. Die Auswahlkommission machte eine Zweierliste (üblich war es, drei Bewerber in eine Reihenfolge zu setzen). Man setzte *Hoebel-Mävers* und mich gleichberechtigt (pari passu) auf den 1. Platz. Das erschien mir aussichtsreich, denn es war üblich, Hausbewerber nur in Ausnahmefällen zu berufen.
Noch während des Verfahrens wurde das Hamburger Hochschulgesetz hinsichtlich der Zusammensetzung der Berufungskommissionen geändert. Die Berufungskommission wurde daraufhin neu zusammengesetzt. Sie stimmte neu über die Liste ab, erklärte mich für nicht listenfähig und setzte allein den Hausbewerber auf Platz 1 der Liste.
Über diesen Vorschlag musste der Fachbereich Erziehungswissenschaft entscheiden. In geheimer Abstimmung wurde der Hausbewerber für nicht listenfähig und nur ich als listenfähig erklärt. Die Liste wurde zurückgewiesen und eine Neuausschreibung empfohlen.
Bei der Neuausschreibung habe ich mich erneut um die Stelle beworben. Ich wurde wieder zum Vortrag eingeladen, außerdem drei Mitbewerber. *Hoebel Mävers* war dieses Mal nicht dabei, denn er hatte sich nicht noch einmal beworben. Wie sich später herausstellte, war dies wohl taktisch

überlegt. Ich hielt meinen Vortrag und merkte, dass ich wie gegen eine Wand sprach: Kopfschütteln und verschlossene Mienen. Die Diskussion verlief nichtssagend. Als ich aus dem Vortragssaal kam, sagte ich zu meiner Frau: „Die wollen mich nicht!“

Die Berufungskommission erklärte alle vier eingeladenen Bewerber für nicht listenfähig! Das war kühn, nicht nur wegen der Vorgeschichte, sondern auch wegen eines Mitbewerbers, der bereits C4-Professor war (entspricht heute W3). Es war *Wilhelm Killermann*. Der war also in München Ordinarius für Biologiedidaktik, aber in Hamburg nicht listenfähig.

Als das Verfahren abgeschlossen war, erhielt ich meine Unterlagen zurück. Zwischen den von mir eingesandten Publikationen fand ich eine Stellungnahme des Kommissionsmitglieds, dem offensichtlich die Durchsicht meiner Bewerbung anvertraut worden war. Sein Papier war versehentlich in die Sendung an mich geraten. Darin stand, dass ich keinen Abschluss in Biologie habe (die zum 1. Staatsexamens gleichwertige Ergänzungsprüfung war falsch bewertet) und meine Veröffentlichungen seien im engeren Sinn nicht biologiedidaktisch!

Das Urteil der Kommission, alle Bewerber seien nicht listenfähig, eröffnete ihr eine einzigartige

Handlungsfähigkeit: Bei zwei vergeblichen Ausschreibungen galt in der Universität Hamburg (und wohl nur hier) das Setzverfahren: Die Berufungskommission war nun frei, wissenschaftlich ausgewiesene Personen auf eine Berufungsliste zu setzen, ohne dass sich diese beworben hatten. Die Berufungskommission setzte *Gerhard Schaefer* auf die 1., *Karl-Heinz Berck* auf die 2. und *Martin Hoebel-Mävers* auf die 3. Stelle. Nun wurde klar, warum sich letzterer im zweiten Anlauf nicht beworben hatte: So ergab sich für ihn durch das Setzverfahrens eine Chance. Wahrscheinlich lag dem Ganzen folgendes Kalkül zugrunde: *Schaefer* würde wohl kaum das IPN verlassen, sondern in Kiel zum Professor ernannt werden, der eingesessene Hesse *Berck* würde eher in Gießen seine Position durch Verhandlungen verbessern, als nach Hamburg zu kommen. Dann wäre der Weg frei, den Drittplatzierten zu berufen.
Die Rechnung hatte die Kommission ohne *Gerhard Schaefer* gemacht. Der hatte Querelen am IPN gründlich satt und nahm den Ruf nach Hamburg 1981 an.

Meine Bewerbung nach Oldenburg hatte ein Vorspiel. Ich erhielt den Anruf eines ehemaligen IPN-Mitarbeiters der Abteilung Physikdidaktik, der jetzt an der Universität Oldenburg tätig war: Man könne sich in der Berufungskommission für eine

Professur Biologiedidaktik nicht auf einen der Bewerber einigen. Ich müsse mich gar nicht bewerben, die Kommission sei sich einig, mich auf Platz 1 der Liste zu setzen, wenn ich einverstanden sei. Ich lehnte ab. Der Vorschlag roch nach Gemauschel. Ich schlug stattdessen vor, die Stelle neu auszuschreiben, ich würde mich bewerben.

So geschah es. 1982 wurde ich an die Universität berufen. Das war für mich ein Glücksfall: Die Oldenburger Professur war für lange Zeit die letzte, die in den folgenden Jahren für Biologiedidaktik ausgeschrieben und besetzt wurde.

Treffen 1988 im IPN zum 60. Geburtstag von Gerhard Schaefer (von links): Johann Weninger, Gerhard Schaefer, ich, Werner Dierks (stellvertretender Abteilungsleiter Chemiedidaktik)

2. Teil: Bewegungen in der Sektion Biologiedidaktik

Biologiedidaktiker/innen organisieren sich

Die Gründung der Sektion „Didaktik der Biologie" im Biologenverband folgte der Einsicht, dass die junge Wissenschaft einen Rahmen für den wissenschaftlichen Austausch braucht. Biologiedidaktik war gerade dabei, in Universitäten angesiedelt zu werden. In Pädagogischen Hochschulen war sie traditionell als „Biologie und ihre Didaktik" etabliert, wenn auch viele der Professuren in ihrer Forschung biologisch inhaltlich und nicht biologiedidaktisch ausgerichtet waren. Dennoch hatte die Sektion ihren Vorläufer in der „Arbeitsgemeinschaft der Biologiedidaktiker an Pädagogischen Hochschulen" und deren Tagungen.[60]

Im „Verband Deutscher Biologen" (VDBiol, heute VBIO: „Verband Biologie, Biowissenschaften und Biomedizin") gab es einen Schulausschuss (heute „Arbeitskreis Schulbiologie"), der von *Gerhard Schaefer* geleitet wurde. Der Schulausschuss behandelte jedoch nicht Probleme der Fachdidaktik, sondern die auf Biologieunterricht bezogene

---

[60] Rodi, D. (Bearb.). (1975). *Biologie und curriculare Forschung*. Köln: Aulis.

Schulpolitik und deren Folgen für die Unterrichtspraxis. Zwischen der Sektion und dem Schulbiologenausschuss wurde Informationsaustausch und Zusammenarbeit u. a. dadurch angestrebt, dass der Vorsitzende des Ausschusses durch sein Amt Sitz und Stimme im Beirat (heute Vorstand) der Sektion bekam. Nachdem der Kontakt zwischenzeitlich nicht praktiziert wurde, beauftragte die Mitgliederversammlung in Kassel (2014) den Vorstand, das Gespräch zu suchen. Daraufhin wurde das „Forum Schulbiologie“ auf den Sektionstagungen eingerichtet, das seitdem zusammen mit dem „AK Schulbiologie“ organisiert wird.

Die Gründungsversammlung der „Sektion Didaktik der Biologie“ fand am Rande der Jahrestagung des VDBiol 1976 in Stuttgart statt. Zum Vorsitzenden wurde für ein Jahr *Dieter Rodi* gewählt.
Auf der ersten Tagung der Sektion 1977 in Marina Wendtorf stellte sich *Rodi* zur Wiederwahl. Für mich überraschend versuchte *Michael Ewers* als Exponent der Linken, Stimmung gegen *Rodi* zu machen. Er schlug *Martin Hoebel-Mävers* als Gegenkandidaten vor, von dem er sich mehr gesellschaftspolitische Aktivität erhoffte. Der Vorgeschlagene lehnte ab, weil er als Institutsdirektor zu viel zu tun habe. Danach verfiel *Ewers* darauf, mich vorzuschlagen. Mir war nicht wohl. Aber ich

wollte dem Spiel ein Ende machen. Deshalb erklärte ich: „Eins ist klar: Ich wähle Herrn Rodi. Aber wenn es denn einen Zählkandidaten geben soll, dann bin ich bereit den abzugeben." Das Klopfen der Mitglieder bestätigte meine Entscheidung. *Rodi* wurde mit großer Mehrheit wiedergewählt. Er hat die Sektion souverän geleitet, ohne seine Person herauszustellen. Mit seiner verbindlichen Art, vermochte er auch zwischen unterschiedlichen Positionen zu vermitteln.

Auf dem Gesellschaftsabend Salzburg 1999 (von links): ich, Regina Kobler, Georg Pfligersdorffer, Siegfried Klautke

Die Tagungen der Sektion haben sich von den Anfängen bis heute verändert. Da die Anzahl der Teilnehmenden nicht so groß war wie heute, wohnten wir in einer Tagungsstätte. Wir waren daher von morgens bis manchmal spät in die Nacht zusammen, erörterten vertieft biologiedidaktische oder auch gemütlich allgemein interessierende und persönliche Probleme. In der familiären Atmosphäre verschwanden manche hierarchischen Unterschiede, indem etablierte Professor/-innen mit jungen Mitarbeiter/-innen zusammenhockten. Zuweilen ergaben sich nicht ganz ernst gemeinte Vorschläge oder Bonmots.

Auf dem Gesellschaftsabend in Hofgeismar 1981 (von links): Dieter Rodi, Wilhelm Killermann, Ulrike Unterbruner

An einem Abend beklagten Mitarbeiter, dass es so wenig zu besetzende Professuren gibt, auf die sich bewerben können. Der Münchner Ordinarius *Wilhelm Killermann* machte dazu einen Vorschlag: „Wir laden alle Professoren zu einer Bootsfahrt

auf den Bodensee ein. Und dann sorgen wir dafür, dass das Boot untergeht und alle ertrinken. Dann werden genug Stellen für euch frei." Ich kommentierte: „Ja, Herr Killermann, nomen est omen!"
Von Hofgeismar führte uns *Roland Hedewig* ins Freilandlabor Dönche, dessen Einrichtung er betrieben und das er betreut hat. *Hedewig* war ein kompetenter und freundlicher Kollege, aber er hatte die Eigenschaft, seine Zuhörer/-innen zu belehren und dabei auch bekannte Sachverhalte so mitzuteilen, als seien sie den Zuhörenden völlig neu. Vor einiger Zeit hatte mich *Gerhard Schaefer* zu einer Tagung in Bangkok mitgenommen. Deshalb äußerte ich: „Lieber mit Schaefer in Thailand als mit Hedewig im Freiland." Auf einem Gesellschaftsabend hatte *Karla Etschenberg* die Idee, den Träger mit der originellsten Krawatte auszuzeichnen: Den 1. Preis bekam *Roland Hedewig*.

Roland Hedewig mit preisgekrönter Krawatte

Als ich 1982 den Ruf nach Oldenburg bekommen hatte, fragte mich *Dieter Rodi*, ob ich nach Oldenburg gehen werde. Neben mir stand *Dieter Eschenhagen,* der schon seit langem in Oldenburg wirkte. Meine Antwort: „Ich kenne zwei gute Biologiedidaktiker, einer ist schon in Oldenburg!" *Eschenhagen* lächelte verlegen. *Rodi* lachte laut und herzlich.

Die Tagungen der Sektion haben sich auch hinsichtlich der Inhalte und der Redner verändert. Obgleich schon die zweite Tagung „Biologiedidaktik als Wissenschaft" thematisierte, standen anfänglich unterrichtsbezogene Themen im Vordergrund (s. Anhang). Zwischenzeitlich wurde festgehalten, dass Vorträge zu empirischen Arbeiten unabhängig vom Tagungsthema immer einen Platz auf Tagungen bekommen sollten. Das ist ein großer Gegensatz zu heute, wo Berichte über empirische Arbeiten die Regel, konzeptionell-theoretische Vorträge dagegen selten sind.

Heute nehmen die Vorträge der Doktorand/-innen den größten Raum ein, während früher die schon lange etablierten Professoren dominierten. Die Plenumsvorträge wurden von ihnen beansprucht, wenn nicht Erziehungswissenschaftler dazu eingeladen wurden.

Ich selbst hatte das Glück, schon 1979 in Bad Boll einen Plenumsvortrag halten zu dürfen[61], da der eigentlich dazu angemeldete *Gerhard Schaefer* verhindert war. In der Diskussion zu meinem Vortrag meinte *Karl-Heinz Berck*: „Sie haben viel gelernt." Ich empfand die inhaltlich nicht gefüllte Bemerkung als gönnerhaft herablassend. Schließlich hatte ich seine Auffassung von Biologiedidaktik als angewandter Biologie gründlich kritisiert. Aber *Hartmut Entrich* sagte mir: „Wenn Berck das sagt, kannst du dir etwas darauf einbilden."

Karl-Heinz Berck war in der Sektion nach *Gerhard Schaefer* und neben *Dieter Eschenhagen* eine große Autorität. Von manchen seiner Kolleg/-innen hielt *Berck* nicht viel. Er wollte gern die Richtung vorgeben. Er war in Sachen Biologiedidaktik streitbar und streitlustig.[62] Ich konnte das in besonderer Atmosphäre genießen: Als der Kongress

---

[61] s. Anmerkung 78

[62] Graf, D. (Hrsg.). (1999). *Und sie bewegt sich doch – Die Biologiedidaktik im Spiegel 25jähriger Forschung unter Prof. Dr. K.-H. Berck.* Schriftenreihe des Instituts für Biologiedidaktik der Universität Gießen, 2. Gießen: Universität.

Berck, K.-H. (1995). Lebenswirklichkeit und Biologieunterricht. In H. Bayrhuber et al. (Hrsg.), *Biologieunterricht und Lebenswirklichkeit* (S. 55-70). Kiel: IPN.

Berck, K.-H. (2001). Wissenschaft? Oder: eine kleine Verteidigung der Fachdidaktik. *IDB Münster,* 10, 121-130.

der „Gesellschaft für Anthropologie und Humangenetik“ in Gießen stattfand und *Berck* erfuhr, dass ich daran teilnehmen werde, lud er mich sogleich ein, bei ihm zu wohnen. So kam ich abends meist etwas erschöpft vom Kongress in die Wohnung von Ehepaar *Berck*, wurde köstlich bewirtet und danach saßen wir gemütlich zusammen. *Berck* schaffte es jedes Mal, mich in ein Streitgespräch zu verwickeln. Das war jedoch nicht schlimm, denn alsbald schaltete sich *Heidi Berck* ein. Dann konnte ich mich entspannt zurücklehnen, denn nun stritten *Bercks* miteinander, wobei Frau *Berck* meinen Part einnahm.

Die Tagung in Herrsching 1989 war die erste, die vom Brauch abwich, die Plenumsvorträge den Professores vorzubehalten. Ich schlug im Beirat vor, dass zwei junge Wissenschaftlerinnen oder Wissenschaftler ihre Arbeiten im Plenum vortragen sollten und machte Nägel mit Köpfen (im wörtlichen Sinn): Ein Vortrag sollte der Doktorand des lokalen Veranstalters, *Peter Hiering,* halten, für den zweiten nominierte ich *Ulrike Unterbruner*. *Hiering* hatte eine interessante Dissertation zur Simulation des Ökosystems See im Unterricht geschrieben[63], *Ulrike Unterbruner* sich gerade mit

---

[63] Hiering, P. G. (1990). Computersimulation im Biologieunterricht. – Möglichkeiten und Grenzen. In W. Killermann

einer Arbeit über Ängste von Jugendlichen vor Umweltzerstörung habilitiert.[64]

Beide Vorträge waren hervorragend und erhielten viel Beifall. Dass sich allerdings nicht alle Professoren bei einem Vortrag, der nicht von Ihresgleichen gehalten wird, benehmen können, zeigte einer, der beim Vortrag von Ulrike in der ersten Reihe saß. Da hockte er und schüttelte während ihres Vortrags unentwegt seinen Kopf, als hätte er eine eingebaute Kopfschüttelmaschine. Ihm missfiel die Richtung ihrer Forschung, in der Emotionen ernst genommen werden, statt sich allein für biologisches Wissen zu interessieren. Als ich den Kopfschüttler am Abend auf sein Verhalten ansprach, erwies er sich als starrköpfig: Er bekräftigte seine Meinung (um die es mir gar nicht ging) und wollte nicht einsehen, dass man sich als ausgewachsener Professor nicht so verhalten sollte – schon gar nicht gegenüber einer jungen Wissenschaftlerin oder einem jungen Wissenschaftler.

Auch heute halten die Plenumsvorträge vom Vorstand ausgewählte Professor/-innen. Ich habe

---

& L. Staeck (Hrsg.), *Methoden des Biologieunterrichts* (S. 59-67). Köln: Aulis.

[64] Unterbruner, U. (1991). *Umweltangst – Umwelterziehung. Vorschläge zur Bewältigung der Ängste Jugendlicher vor Umweltzerstörung*. Linz: Veritas.

dem Vorstand vorgeschlagen, dem Preisträger bzw. der Preisträgerin der von der Sektion ausgezeichneten Nachwuchsarbeit, die Gelegenheit zu geben, ihre Arbeit in einem Plenumsvortrag vorzustellen. Mir scheint dies eine noch größere Anerkennung als die nette Verleihung auf dem Gesellschaftsabend.

Ostkontakte

Beziehungen zu Kolleginnen und Kollegen im damaligen Ostblock waren selten. Da die Abschottung der DDR in Bildungsfragen heute nicht mehr bekannt und kaum vorstellbar ist, sind die folgenden Episoden besonders wert erinnert zu werden.

Ich war der erste und einige Jahre der einzige Biologiedidaktiker der Bundesrepublik, der regelmäßig Kontakte zu Kolleginnen und Kollegen in Polen und der DDR hatte. Das kam so: *Gerhard Schaefer* hatte mir 1978 einen Brief aus Polen mit der Bitte gegeben, ihn zu beantworten. Der Brief wirkte wenig bedeutsam. Ein Privatdozent der Pädagogischen Hochschule in Krakau bat auf grauem Papier in einem einzeiligen Brief um Literaturaustausch. Ich packte ein Paket mit biologiedidaktischen Veröffentlichungen des IPN, legte einen freundlichen Begleitbrief bei und sandte es an Privatdozent Dr. *Wiesław Stawiński* nach Krakau.

Stawiński hatte sich höflich für die Sendung bedankt. Jetzt erhielt ich die Einladung nach Przemyśl zu einer Konferenz, die im Juni 1979 gemeinsam von der „Abteilung Biologiedidaktik der Polnischen Gesellschaft für Naturforscher ‚Nikolaus Kopernikus'“ und der „Sektion Schulbiologie der Biologischen Gesellschaft der DDR“ veranstaltet werden sollte. Vermutlich, weil ich die Literatur gesandt hatte, war die Einladung an mich persönlich adressiert. Ich hielt es dennoch für angemessen, dem Abteilungsleiter anzubieten, dass er an meiner Stelle zu dieser Konferenz fährt; schließlich war der erste Brief, der die Einladung ausgelöst hatte, an ihn gerichtet. *Schaefer* meinte jedoch, ich solle ruhig fahren. Dass er den unscheinbaren Brief womöglich falsch eingeschätzt hatte, mochte er jetzt nicht zu seinen Gunsten auslegen.

An der Tagung in Przemyśl nahm eine große offizielle Delegation aus der DDR teil. Es waren alle Professoren sowie fast alle Wissenschaftlichen Mitarbeiter/-innen, Doktorandinnen und Doktoranden der Biologiemethodik (wie die Biologiedidaktik in der DDR hieß) angereist.
Die Polen legen großen Wert auf geselliges Beisammensein. Auf einem Gesellschaftsabend sprach mich *Isolde Weber*, eine Doktorandin aus Jena, an, als ich an ihrem Tisch vorbeikam. Sie

wies mich auf einen besonders leckeren Kuchen hin. Von dem Tisch der Delegationsleitungen, an dem ich platziert worden war, wechselte ich daraufhin zum Tisch der Doktorandinnen und Doktoranden, die mir auch altersmäßig näherstanden. Mit einer Gruppe von ihnen ging ich nach Schluss der Veranstaltung in Richtung des Hotels, in dem die ausländischen Teilnehmer/-innen untergebracht waren. In der Nähe des Hotels blieb ein Doktorand plötzlich stehen und erklärte mir mit zitternder Stimme: „Herr Kattmann, Sie müssen das verstehen, ich kann mir das nicht leisten, ich habe in der nächsten Woche meine Verteidigung zur Promotion, ich muss mich jetzt verabschieden." Ich verstand überhaupt nichts, auch noch nicht, als Isolde den Sprecher anfuhr: „Ach, Täubchen (der Spitzname war eine Verniedlichung seines Nachnamens), lass doch den Quatsch." Darauf meldete sich eine Doktorandin aus Greifswald und sagte stolz: „Mein Chef hat mir erlaubt, mit Ihnen Kontakt aufzunehmen." Erst jetzt wurde mir klar, was gespielt wurde: Die DDR-Kolleginnen und Kollegen sollten sich von mir fernhalten.

Der polnische Gastgeber *Stawiński* hatte die Vertreter der DDR nicht über meine Einladung informiert. Die Anwesenheit eines BRD-Bürgers löste in der DDR-Delegation indes helle Aufregung aus. Die Leitung hatte sogleich am nächsten Morgen eine Versammlung der DDR-Teilnehmer/-innen einberufen. Sie bekamen von dem anwesenden SED-Parteisekretär die Anweisung, mir höflich zu antworten, falls ich sie etwas fragen sollte, aber selbst keinen Kontakt zu mir aufzunehmen. Bis zum Gesellschaftsabend ahnte ich von diesem Vorgang nichts.

Isolde hatte sich nicht an die Direktiven der Leitung gehalten. Auch einige Professoren haben die Anweisungen nicht befolgt. Ganz öffentlich tat dies *Johannes Müller* aus Greifswald, derjenige der seiner Doktorandin die Kontaktaufnahme ebenfalls erlaubt hatte. Ein anderer Professor zog es vor, mir seine Sympathie heimlich auf der Toilette mitzuteilen, auf der wir uns zufällig allein begegneten. Die amtliche Abgrenzung und die persönlichen Verrenkungen sie zu umgehen, wurden nach der Wende gern vergessen. Auf einer Veranstaltung zu Ehren von *Johannes Müller*[65] erinnerte ich 2006 in meinem Festvortrag an die Situation in Przemyśl. Der Professor, der nur auf der Toilette gewagt hatte, offen mit mir zu sprechen, kam danach aufgeregt zu mir und hielt mir vor: „War das denn so schrecklich damals? Wir haben uns doch gefreut, dass Sie da waren!“

---

[65] Lepel, W.-D. (Hrsg.). (2007). *Biologiedidaktik im Wandel.* Greifswald: Universität.

In Przemyśl war ich eine Person aus dem kapitalistischen Ausland. Im Hotel musste ich für die Übernachtung einen speziell erhöhten Preis bezahlen. Als ich *Stawiński* dies mitteilte, bot er mir ein Bett im Studentenheim an, was ich dankend annahm. Ein junger DDR-Kollege äußerte sich verwundert, dass ich einfach so umziehen durfte. Auf Nachfrage stellte sich heraus, dass er meinte, meine Dienststelle könne das untersagen. Ich bemerkte, dass ich mich aufhalten und übernachten könne, wo ich wolle, meine Dienststelle kümmere sich nicht darum. Ich weiß nicht, ob er mir dies bei den Erfahrungen mit der eigenen Dienststelle abnahm, da es für ihn die Beaufsichtigung durch den SED-Parteisekretär und die Bespitzelung durch bekannte oder erahnte Angehörige des Ministeriums für Staatssicherheit (Stasi) gab.

Als ausländischer Gast wurde ich zu einem Empfang des Bürgermeisters der Stadt Przemyśl eingeladen. Der Empfang fand im kleinen Kreis statt, außer mir nahmen ausgewählte Mitglieder der polnischen Gastgeber und der DDR-Delegation teil. Als ich am Tisch Platz nahm, raunte mir *Stawiński* zu: „Sie möchten bitte nachher auch einen Toast sprechen." Der Bürgermeister begrüßte uns und brachte einen Toast mit dem Wunsch für eine erfolgreiche Tagung und eine schöne Zeit in

Przemyśl aus. Die Wodkagläser wurden neu gefüllt. Danach war der Delegationsleiter der DDR an der Reihe. Er fand freundliche Worte für die polnischen Gastgeber und endete pathetisch: „Auf den Fortschritt des Sozialismus in unseren beiden Ländern!“

Links neben mir saß *Johannes Müller*. Der stieß mich an und fragte amüsiert: „Nun, Herr Kattmann, womit wollen Sie darauf anstoßen, mit Sprudel oder mit Wodka?“ Beide Gläser standen gefüllt vor mir. Ich nahm das Wodkaglas und antwortete: „Herr Müller, Ich habe kein Problem mit dem Toast, ich trinke auf meine Form von Sozialismus.“

Nach einer kleinen Pause musste ich meinen Toast ausbringen. Ich dankte für die Einladung und die Ehre teilnehmen zu dürfen, lobte den bisherigen Verlauf der Tagung und erhob dann das Glas. Mit Bezug auf die Vereinbarungen der europäischen Regierungen aus Ost und West auf der „Konferenz für Sicherheit und Zusammenarbeit in Europa (KSZE)“ in Helsinki sagte ich: „Auf den vermehrten und ungehinderten Austausch von Informationen und Ideen zwischen allen Ländern der Erde.“ Das konnte nicht als westliche Provokation verstanden werden und stand doch im Gegensatz zur DDR-Wirklichkeit.

Der Leiter der DDR-Delegation war der damalige Vorsitzende der Sektion Schulbiologie *Erwin Zabel*. Auf der Rückreise von Przemyśl bat er mich auf den Gang des Zugs. Während unseres Gesprächs äußerte er sich anerkennend zu meinem besonnenen Verhalten während der Tagung. Die Fahrgeräusche schienen ein Abhören unmöglich zu machen. Und dennoch gelangten Inhalte des Gesprächs in die Akten der Stasi, wie *Zabel* nach der Wende feststellen musste. Nach Przemyśl war er wegen möglicher Westkontakte verhört worden und konnte sich den Anlass damals nicht erklären.

Nach Przemyśl wurde ich mehrere Jahre regelmäßig nach Polen eingeladen. Mein polnischer Gastgeber, *Wiesław Stawiński*, wurde auf meinen Vorschlag hin erstmals 1981 zur Tagung der Sektion Biologiedidaktik nach Hofgeismar eingeladen und nahm danach regelmäßig an unseren Tagungen teil. Er lud in der Folgezeit neben mir einige Kolleginnen und Kollegen zu den Tagungen der polnischen Sektion Biologiedidaktik ein. An diesen Tagungen nahmen stets auch einige Professores der DDR teil, darunter *Johannes Müller, Heinz-Werner Baer, Erwin Zabel* und *Ingrid Heinzel*. So waren die Tagungen in Polen lange Zeit die einzige Gelegenheit, uns mit Kolleg/-innen der DDR auszutauschen.

Acht Jahre nach der Tagung in Przemyśl brachten es *Erwin Zabel* und *Johannes Müller* 1987 zustande, drei „Westler" zum Symposium der DDR-Schulbiologen nach Greifswald einzuladen: den Vorsitzenden der Sektion Biologiedidaktik, *Roland Hedewig* aus Kassel, den Salzburger Biologiedidaktiker *Horst Werner* und mich. Die Einladung an die beiden Bundesbürger zu einer DDR-Tagung war im Erziehungsbereich nicht leicht zu erreichen. Nach der Wende erzählte mir Erwin, sie hätten in ihrem Antrag an das Wissenschaftsministerium der DDR mächtig übertreiben müssen, was für fortschrittliche Friedenskämpfer im Sinne des Sozialismus die Einzuladenden seien.

Dass der Antrag bewilligt wurde, zeigt, dass die Informationsflüsse auch innerhalb der Stasi wohl nicht vollkommen waren. *Roland Hedewig* war nämlich in den 1950er Jahren als Student in Halle als aktives Mitglied der Evangelischen Studentengemeinde unliebsam aufgefallen. Da die Stasi ihm staatsfeindliche Umtriebe vorwarf und er einige Zeit im Gefängnis in Bautzen gesessen hatte, floh er in den Westen. Dank der Empfehlungsschreiben seiner Hallensischen Professoren konnte er sein Biologiestudium in Göttingen fortsetzen.

Bei der Reise in die DDR hat *Hedewig* sich wahrscheinlich mulmig gefühlt.

Episode auf einer Exkursion während einer Tagung in Polen. Georg Pfligersdorffer und Wolfgang Lerchner tragen mich mit einem Muskelfaserriss zum Bus. Den Griff dazu hatten sie im österreichischen Bundesheer bzw. der Volksarmee der DDR gelernt. Die Abgebildeten sind zu der Zeit hoffnungsvolle wissenschaftliche Mitarbeiter in Salzburg, Halle und Kiel. Später wurden die drei Professoren der Biologiedidaktik in Salzburg, Halle und Oldenburg.

Teilnehmer der Tagung in Katowice 1982 (vordere Reihe von links): Roland Hedewig, ich, Danuta Cichy, Wiesław Stawińskii, Barbara Korschewska, Erwin Zabel

Nach der Wende hat *Hedewig* nachgelesen, was die Stasi über seine Taten in geschrieben hat.

Ich bin übrigens trotz meiner zahlreichen Fahrten in die DDR nie von der Stasi angesprochen worden. Wäre dieser Fall eingetreten, hätte ich denen gesagt, dass ich ihr Ansinnen sofort meinem Dienstvorgesetzten melden werde. Damit wäre der Kontakt beendet gewesen.

Auf dem Podium in Greifswald (von links): Johannes Müller, Heinz-Werner Baer, ich, Erwin Zabel

Auf der Tagung 1987 in Greifswald hielten *Horst Werner* und ich Hauptreferate am ersten Tag. Das war für die Sektion Schulbiologie völlig ungewöhnlich. Horst sprach über das wissenschaftliche Inventar der Biologiedidaktik[66], ich über das

66 Werner, H. (1988). Biologie – Biologiedidaktik – Biologiemethodik. Wissenschaftstheoretische Überlegungen zu einem praxisorientierten Handlungsfeld. In E. Zabel (Hrsg.), *Auswahl von Vorträgen des III. Symposiums zur Methodik des Biologieunterrichts* (S. 32-50). Greifswald (als Manuskript gedruckt).

Konzept des humanzentrierten Unterrichts[67]. Die Vorträge wurden neugierig aufgenommen. Man war gerade dabei, den streng an systematischen Gruppen orientierten Lehrplan der DDR[68] für moderne Themen und biologische Zusammenhänge zu öffnen. In diese Richtung zielten die Referate von *Frank Horn*[69] und *Erwin Zabel.*[70]

Eine erfrischende Note bekam der erste Tag des Symposions durch das Referat von *Johannes Müller*, der in unbekümmerter Weise dazu aufrief, die Erkenntnisse in der Biologiedidaktik/Biologieme-

---

[67] Kattmann, U. (1988). Humanzentrierte Strukturierung des Biologieunterrichts – ein biologiemethodisches Konzept. In E. Zabel (Hrsg.), *Auswahl von Vorträgen des III. Symposiums zur Methodik des Biologieunterrichts* (S. 93-104). Greifswald (als Manuskript gedruckt).

[68] vgl. Gärtner, H. (1977). *Lehrplan Biologie: Analyse und Konstruktion.* Hamburg: Sample.

[69] Horn, F. (1988). Entwicklung des Biologieunterrichts und sozialistische Allgemeinbildung. In E. Zabel (Hrsg.), *Auswahl von Vorträgen des III. Symposiums zur Methodik des Biologieunterrichts* (S. 5-19). Greifswald (als Manuskript gedruckt).

[70] Zabel, E. (1988). Zu theoretischen Fragen der Linienführung des Biologieunterrichts unter Berücksichtigung der Beziehungen zwischen Funktion, Ziel und Inhalt. In E. Zabel (Hrsg.), *Auswahl von Vorträgen des III. Symposiums zur Methodik des Biologieunterrichts* (S. 58-86). Greifswald (als Manuskript gedruckt).

thodik in produktiver Weise zu vereinen. Er zitierte *Erich Honnecker*, den Staatsratsvorsitzenden der DDR, mit den Worten: „Der Sozialismus und der Kapitalismus sind wie Feuer und Wasser" und bemerkte: „Wenn es uns gelingt, Feuer und Wasser so konstruktiv zusammenzufügen wie seinerzeit James Watt bei der Konstruktion der Dampfmaschine, dann könnte das für uns alle von großem Nutzen sein!" Sein Referat hat *Johannes Müller* für den Berichtsband der Tagung wohlweislich nicht eingereicht.

Gemütliches Beisammensein während der Tagung 1987 in Greifswald (von links): Ottokar Grönke, Heinz-Werner Baer, Wiesław Stawiński, Danuta Cichy, Johannes Müller

1987 während einer Exkursion nach Rügen auf dem Kaiserstuhl (von links:) Frau Werner, Johannes Müller, Horst Werner, ich, Erwin Zabel, meine Frau

Während der Tagung in Greifswald war ich Gast der Universität und hielt auf Einladung von *Johannes Müller* ein Seminar mit Studierenden zum Thema Friedenserziehung im Biologieunterricht.
Als ich mein einführendes Referat beendet hatte, meldete sich als erste eine Studentin und fragte in herausforderndem Ton: „Wenn Sie hier über Friedenserziehung reden, was halten Sie denn vom aggressiven Charakter des Kapitalismus?“
Ich wusste nicht, wie ich angemessen antworten konnte. Sollte ich die Unterstellung schroff zurückweisen oder windelweich kommentieren und in meinem Sinne zustimmen? Beides erschien mir unangebracht. Ich flüchtete zunächst auf sicheres

Terrain: Ich definierte, was unter Aggression biologisch, psychologisch und sozialwissenschaftlich zu verstehen ist. Das konnte ich auswendig. Während ich sprach, überlegte ich fieberhaft, was ich auf die linientreue Provokation der Studentin antworten sollte.

Ratlos im Seminar in Greifswald: „Was halten Sie denn vom aggressiven Charakter des Kapitalismus?"

Ich wusste vorher gar nicht, dass man während des Sprechens gleichzeitig über etwas Anderes nachdenken kann. Doch noch während ich die Definitionen von Aggression formulierte, fiel mir ein rettendes Zitat ein. Im Zeichen des Wandels, der durch *Michail Gorbatschow* in der Sowjetunion stattfand, hatten die SPD der Bundesrepublik und die Staatspartei der DDR, die SED, gemeinsam ein Papier erarbeitet und am 3. August 1987 unterzeichnet. Mit dem Text „Der Streit der Ideologien und die gemeinsame Sicherheit" sollte die Auseinandersetzung der verschiedenen Gesellschaftssysteme auf die Grundlage eines friedlichen Wettstreits gestellt werden. Als SPD-Mitglied hatte ich die Vereinbarung gelesen. Ich nannte die Quelle und zitierte: „Beide Systeme müssen sich gegenseitig für friedensfähig halten." Damit war die Frage der Studentin beantwortet, autorisiert von der Einheitspartei der DDR!

In der Pause kam eine Studentin auf mich zu, schaute unsicher erst zu *Johannes Müller* und dann zu mir. Hannes fragte „Na, Angela, hast du etwas auf dem Herzen?" Die Studentin nickte. Hannes wusste worum es ging und entfernte sich aus unserer Nähe. Es stellte sich heraus, dass die Studentin eine Doktorandin von Hannes war. Sie bat mich, ihr Literatur zum Unterricht über Ökologie zu senden – aber bitte nicht an ihre Adresse,

sondern an ihre Großmutter. Westkontakte sollten nicht bekannt werden. Ich sagte zu.
Bei einem späteren Besuch wendete Hannes den Kontakt ins Offizielle, indem er Angela und einer weiteren Doktorandin vorschlug, dass ich das Korreferat bei ihren Dissertationen übernehmen solle. Wir haben nie erfahren, wie sich die Wissenschaftsverwaltung der DDR dazu gestellt hätte: Die Wende machte den Vorschlag unproblematisch. *Angela Kroß*, so hieß die Doktorandin, wurde mit Gutachten von Hannes und mir promoviert. Nach ihrer Heirat heißt sie *Angela Sandmann* und ist heute Professorin in Essen.

Im Jahr darauf, 1988, hielt ich im Hörsaal des Botanischen Instituts der Universität Greifswald einen öffentlichen Vortrag zur Bioethik. In der Diskussion meldete sich ein junger Mann. Er meinte, das mit der Ethik sei ja alles gut und schön, aber pure Utopie. Ich kommentierte diese Stellungnahme, indem ich darauf hinwies, dass Ethik immer einen utopischen Zug enthalte, da mit ihr Normen und Werte formuliert werden, die nicht voll verwirklicht sind, und schloss mit der Aufforderung: „Nehmen Sie zum Beispiel das Kommunistische Manifest. Wenn Sie das nicht als Utopie ansehen, dann können Sie es doch in den Ofen stecken.“ Das war respektlos gegenüber dem „real existierenden Sozialismus“, wie wir damals die mehr als unbefriedigenden Verhältnisse in der DDR umschrieben. Wie ich nachher erfuhr, war mein Diskussionspartner ein Philosoph, und das hieß in der DDR, ein Vertreter des Marxismus-Leninismus (ML). Ich hatte also ins Schwarze getroffen.

Johannes Müller meinte: „Da hast du dir ja wieder etwas geleistet! Morgen werden wir vom Vizerektor der Universität für ausländische Angelegenheiten empfangen (in der DDR galten Bürger der BRD als Ausländer) und dann weiß der schon, was du gesagt hast.“ (Hannes hielt das für gegeben, da ein Mitarbeiter der Stasi dem Vizerektor sicher schon einen Bericht über meinen Vortrag übermittelt haben würde.) „Mal sehen, wie er darauf reagiert.“

Am nächsten Morgen wurden wir vom Vizerektor freundlich begrüßt. Nach einer Weile, in der wir höflich über unsere Universitäten und die Bedeutung der Lehrerbildung gesprochen hatten, überreichte mir der Vizerektor ein Kästchen mit dem Siegel der Ernst-Moritz-Arndt Universität Greifswald. Hannes stieß mich an und flüsterte: „Das kriegt nicht jeder!“

Die MNU-Tagung in München 1989 war die erste Tagung zum naturwissenschaftlichen Unterricht der Bundesrepublik, die von vielen Lehrerinnen und Lehrern aus der DDR besucht werden konnte.

In einer Pause sprach mich jemand an, den ich von den Tagungen in Polen als Mitarbeiter aus Halle kannte. Er war gerade zum Professor für Gesundheitserziehung ernannt worden. Er forderte mich auf: „Sie müssen nicht mit denjenigen kooperieren, die uns Jahrzehnte lang unterdrückt haben." Er meinte *Erwin Zabel* und *Johannes Müller*. Mit denen hatte ich mich inzwischen angefreundet. Ich antwortete ihm, dass ich kooperiere, mit wem ich will. Wenig später wurde der Ankläger aus seinem frisch erworbenen Amt entfernt, weil er inoffizieller Mitarbeiter (IM) der Stasi gewesen war.

In München traf ich außerdem *Karl-Heinz Gehlhaar* wieder. Er war Dozent in Leipzig und wurde nach dem Beitritt der ostdeutschen Länder zur Bundesrepublik dort zum Professor ernannt. Wir hatten uns in Przemsyśl kennen und schätzen gelernt. Jetzt vereinbarte ich mit ihm, dass er als Autor bei der nächsten Auflage bei der von mir herausgegeben Fachdidaktik Biologie mitwirkt. Er übernahm das Kapitel „Lebende Organismen im Biologieunterricht".

Karl-Heinz Gehlhaar (rechts) und sein Nachfolger auf der Professur in Leipzig, Jörg Zabel, demonstrieren den Studierenden Kornnattern als liebenswerte lebende Organismen.

DDR-Methodiker treten bei

In Bad Zwischenahn fand 1991 die erste Tagung der Sektion Biologiedidaktik nach dem Beitritt der ostdeutschen Länder statt. Es nahmen zahlreiche Kolleginnen und Kollegen aus den für die Bundesreplik neuen Ländern teil.

Der Beirat musste turnusmäßig neu gewählt werden. Auf der Mitgliederversammlung wurde beschlossen, dass die Kolleginnen und Kollegen aus

Beirat während der Tagung in Bad Zwischenahn (von links): Lothar Staeck, Almut Gerhardt, Hartmut Entrich, Christiane Weigelt, Bernd Löwe, ich

den beigetretenen Ländern bei dieser ersten Wahl ein Mitglied im Beirat stellen sollten. Inoffiziell hatten die ostdeutschen Kolleginnen und Kollegen verabredet, dass *Ottokar Grönke* als der erfahrenste Biologiedidaktiker der DDR diese Rolle übernehmen sollte. Gewählt wurde jedoch – wie üblich – von allen anwesenden Mitgliedern und diese hatten uneingeschränktes Vorschlagsrecht. Die westdeutschen Mitglieder machten davon auch für das im Beirat vorgesehene ostdeutsche Mitglied eifrig Gebrauch. Ein ostdeutscher Kollege fragte entsetzt einen westdeutschen: „Was macht ihr hier?“ Die Antwort: „Wir wählen!“

In den Beirat wurde *Karl-Heinz Gehlhaar* gewählt. Karl-Heinz hat die Arbeit der Sektion über den Beirat hinaus bereichert: mit seiner Kompetenz, seiner Wertschätzung für praxisbezogenes biologiedidaktisches Arbeiten sowie seinem Durchblick und nicht zuletzt mit seinem häufig entwaffnenden sächsischen Humor.

Ottokar Grönke hat die Sektion zur nächsten Tagung in Ludwigsfelde eingeladen, der ersten in Ostdeutschland.

Keine richtige Biologie?

Obgleich die Biologiedidaktik an den Universitäten meist der Biologie zugeordnet ist, betrachten viele Biolog/-innen ihre fachdidaktischen Kolleg/-innen als eine andere und meist minderwertige Spezies.

Eine Doktorandin von mir, *Regine Illner,* musste vom Vorsitzenden des Promotionsausschusses hören, in Biologiedidaktik zu promovieren, das sei doch nichts. Als wahrer Wissenschaftler müsse man Tag und Nacht im Labor verbringen. Glücklicherweise nimmt eine solche Einstellung ab, ist aber leider noch nicht ausgestorben.

Selbst in Oldenburg, wo die Fachdidaktik von Beginn an institutionell gut etabliert war, weigerte sich der Promotionsausschuss biologiedidaktische Arbeiten anzunehmen, die nicht ausdrücklich biologisches Fachwissen erfordern. Das betraf die Dissertation von *Rüdiger Klein* zu Interessen von Schülern an Pflanzen[71] sowie die gemeinsame Dissertation von *Kordula Schneider* und *Ulla Walter* zu bildlichen und textlichen Darstellungen im Gesundheitsbereich.[72] Die Promotionen mussten daher statt im Fachbereich Biologie im Fachbereich Erziehungswissenschaften durchgeführt werden, wo ich offiziell nur als Korreferent auftreten konnte. Kollegen der Pädagogik hatten sich dankenswerterweise bereit erklärt, als Referenten zu fungieren.

Mit dem Forschungsrahmen der Didaktischen Rekonstruktion war das Problem beseitigt, da das biologische Wissen mit der Fachlichen Klärung – auch für die fachinhaltlich arbeitenden Kolleg/-innen – unübersehbar gefordert ist (s. Abschnitt Oh, Rekonstruktion).

---

[71] Klein, R. J. (1993). *Über das Interesse an Pflanzen: eine empirische Untersuchung dargestellt am Beispiel der Jahrgangsstufe 9 eines Gymnasiums*. Frankfurt: Lang.

[72] Schneider, K. & Walter, U. (1992). *Lernförderliche Gestaltung von Bild- und Textmaterialien für den Gesundheitsbereich*. Frankfurt: Lang.

Wandel der Biologiedidaktiker/-innen

Bis Mitte der 1970er Jahre waren die Professor/-innen der Biologiedidaktik in Zoologie oder Botanik promoviert. Diese Qualifikation prägte bei vielen ihr berufliches Verständnis. Manche glauben bis heute, ihr wissenschaftliches Ansehen dadurch aufpolieren zu können, dass sie „auch im Fach" arbeiten. Eine originäre Vermittlungsabsicht ist für sie nicht damit verbunden. Das war früher verbreitet. Die Professor/-innen an Pädagogischen Hochschulen hatten (oder haben) die Denomination „Biologie und ihre Didaktik". Viele platzierten ihre Forschung inhaltlich in der Biologie. Dieses Verständnis wurde durch das Einrichten von Professuren der Biologiedidaktik an Universitäten nicht ausgeräumt. Ein eklatantes Beispiel der Missachtung der eigenen Profession als Biologiedidaktiker und der Anbiederung an die Fachwissenschaft lieferte ein – im Übrigen – netter Kollege der Universität Osnabrück. Als ich dort eine Studentin bei ihrer Diplomarbeit betreute, musste ich am Schwarzen Brett des für Biologiedidaktik berufenen Professors die Überschrift lesen:

„Arbeitsgruppe für Ethologie und Biologiedidaktik".

Die Schriftgröße gab offensichtlich das Gewicht an, das der Kollege der Biologiedidaktik zuschrieb.

Möglicherweise reflektierte dies auch das Ansehen der Biologiedidaktik bei seinen Kollegen (s. Abschnitt Keine richtige Biologie?). Der Kollege arbeitete ethologisch über Kleinsäuger, speziell Zwergmäuse. Ich nannte ihn aus Empörung über sein Schwarzes Brett nur noch „den kleinen Säugetierdidaktiker".

Biologiedidaktiker/-innen, die in Zoologie oder Botanik promoviert waren, richteten ihr biologiedidaktisches Interesse auf die zoologischen und botanischen Unterrichtsinhalte und kaum auf empirische Forschung. Noch 1999 stellten *Reinders Duit* und *Jürgen Mayer* fest:

„Obwohl es auf Seiten der Naturwissenschaftsdidaktik eine lange Tradition empirischer Unterrichtsforschung gibt, sind empirisch arbeitende Naturwissenschaftsdidaktiker in der Minderheit geblieben. Hinzu kommt, dass eine Reihe von naturwissenschaftsdidaktischen Arbeiten zur Unterrichtsforschung den Standards empirischer sozialwissenschaftlicher Forschung nicht immer entsprechen. Seinen äußeren Ausdruck findet dies zum Beispiel darin, dass Arbeiten deutscher Naturwissenschaftsdidaktiker in den einschlägigen internationalen Zeitschriften nur selten zu finden sind und dass es diese Disziplinen nur selten vermocht haben, Förderungsmittel von der Deutschen Forschungsgemeinschaft einzuwerben. Für diese Situation gibt es eine Reihe von Gründen. Die Fachdidaktiken der Biologie,

Chemie und Physik sind zunächst genuin interdisziplinäre Wissenschaften. Man kann Naturwissenschaftsdidaktik nur betreiben, wenn man in vielen anderen Disziplinen jedenfalls bis zu einem gewissen Grade zu Hause ist. Auf Lehrstühle für die Didaktik der Naturwissenschaften berufenen Fachdidaktikern fehlt in aller Regel professionelle Kompetenz in empirischen sozialwissenschaftlichen Forschungsmethoden. Auch bei den Grundlagen von Pädagogik und Psychologie liegt häufig nur ein gewisses Grundwissen vor. Fachdidaktiker sind meist sozialisiert als Naturwissenschaftler – und sie müssen dies auch sein, weil die Struktur der Verortung der Fachdidaktiken (meist Fach-zu-Fach-Zuweisung) an den Universitäten dazu führt, dass bei einer Berufung auf hohe fachliche Kompetenz geachtet wird, während erziehungswissenschaftliche Kompetenz häufig als weniger wichtig erachtet wird. Erziehungswissenschaftliche Kompetenz muss also zunächst autodidaktisch erworben werden. Dieser Mühe unterziehen sich viele Fachdidaktiker nicht. Es ist deshalb verständlich, dass Schwerpunkte naturwissenschaftsdidaktischer Tätigkeit fachnahe Forschungs- und Entwicklungsarbeiten sind.“[73]

Bei diesen Ausführungen mögen sich heutige Biologiedidaktiker/-innen auf der sicheren Seite fühlen: Viele haben sich über empirische Arbeiten

[73] Duit, R. & Mayer, J. (1999). Zur Einführung. In R. Duit & J. Mayer (Hrsg.), *Studien zur naturwissenschaftsdidaktischen Lern- und Interessenforschung* (S. 7-10). Kiel: IPN.

mit der Anwendung sozialwissenschaftlicher Methoden, der Einwerbung von Drittmitteln und Publikationen in internationalen Zeitschriften qualifiziert. Das Referat von *Susanne Bögeholz* auf der Tagung 2017 in Halle hat den Erfolg der Biologiedidaktik in dieser Hinsicht umfangreich belegt. Der aber reicht in meinen Augen nicht aus, um gute Biologiedidaktik zu nachzuweisen. Zu einem oder einer guten Biologiedidaktiker/-in gehört die Fähigkeit, biologische Sachverhalte fachgerecht zu beurteilen, also über ein großes Maß an durchdachtem biologischen Wissen zu verfügen und darüber hinaus den Charakter der Wissenschaft Biologie zu verstehen.[74] Die Balance zwischen fachlichem und forschungsmethodischem Können ist heute nach meinem Urteil häufig nicht gegeben, sondern die Gewichte sind gegenüber 1999 zur anderen Seite hin verschoben: Das Beherrschen empirischer Methoden scheint das biologische Wissen zu verdrängen. Damit aber gerät die Biologie-Didaktik in Gefahr, ihre vordere Worthälfte zu verlieren und könnte somit ihrer besonderen disziplinären Aufgabe nicht gerecht werden, nämlich das Biologielernen zu fördern.

---

[74] Langlet, J. (2002). „Biologie muss man verstehen!“. Zum wissenschaftlichen und bildenden Gehalt der Biologie. *Der mathematische und naturwissenschaftliche Unterricht (MNU),* 55(8), S. 481-485.

Forschungen, die Biologieunterricht nur mehr als Beispiel für allgemeindidaktische Fragen heranziehen, können Biologiedidaktik als eigenständige Disziplin nicht legitimieren.

Auf dem Weg zur eigenständigen Wissenschaft

Schon die zweite Tagung der Sektion stand 1979 unter dem Thema „Biologiedidaktik als Wissenschaft". Ihr Charakter war keineswegs klar, sondern umstritten. Das zeigt sich u. a. darin, sie als „angewandte Biologie" *(Karl-Heinz Berck)*[75], „Erziehungswissenschaft" *(Michael Ewers)*[76] oder als Brückenwissenschaft zwischen Fach und allgemeiner Didaktik *(Gerhard Schaefer, Dieter Eschenhagen, Ferdinand Rüther)*[77] angesehen wurde. In

---

75 Berck, K.-H. (1978). Thesen für die Gruppenarbeit. In G. Eulefeld & D. Rodi (Hrsg.), *Biologielehrer-Ausbildung* (S. 189-191). Köln: Aulis.

76 Ewers, M. (1979). Biologie ist nicht angewandte Biologie, sondern angewandte Sozialwissenschaft. *biologica didactica,*2(2), 117-121.

77 Schaefer, G. (1971). Fach – Didaktik – Fachdidaktik. *Der mathematische und naturwissenschaftliche Unterricht (MNU),* 24(7), 390-396.

Eschenhagen, D. (1977). Zu den Aufgaben der Fachdidaktik. *Naturwissenschaften im Unterricht – Biologie,* 15(1), 24-26.

Rüther, F. (1978). Biologie – Biologiedidaktik – Biologieunterricht. *biologica didactica,*1(2), 59-67.

meinem Vortrag auf der Tagung habe ich daher die Titelfrage „Biologiedidaktik – angewandte Biologie oder angewandte Didaktik?“ sogleich beantwortet mit „Keines von beidem!“ Stattdessen definierte ich die Biologiedidaktik als „Teil und Gegenüber der Biologie“ (s. auch Abschnitt Einmischung in die Bezugswissenschaft).[78]

Den wissenschaftlichen Weg der Biologiedidaktik kennzeichnen auch die Lehrbücher. In der DDR hatte schon 1976 ein Autorenkollektiv unter Leitung von *Gerhard Dietrich* ein Lehrbuch „Biologiemethodik“ erstellt[79], das die „Biologiedidaktik“ von *Albert Uhlig* [80]ablöste. *Dieter Eschenhagen, Dieter Rodi* und ich haben 1985 das erste Lehrbuch der Biologiedidaktik in der Bundesrepublik verfasst, das nicht auf der Basis der Urteile eines einzigen Biologiedidaktikers (oder seiner Schule) ruht. Es löste die „Biologiedidaktik“ von *Grupe*

---

[78] Kattmann, U. (1980). Biologiedidaktik – angewandte Biologie oder angewandte Didaktik? In D. Rodi & E. W. Bauer (Hrsg.), *Biologiedidaktik als Wissenschaft* (S. 97-111). Köln: Aulis.

[79] Dietrich, G. (Hrsg.). (1976). *Methodik Biologieunterricht*. Berlin: Volk und Wissen.

[80] Uhlig, A., et al. (Hrsg.). (1962). *Didaktik des Biologieunterrichts*. Berlin: Deutscher Verlag der Wissenschaften.

ab[81] und trat neben die von *Stichmann, Killermann, Mostler und Staeck.*[82]

Erstautoren der „Fachdidaktik Biologie" 2001 (von rechts): Eschenhagen, Kattmann, Rodi

---

[81] Grupe, H. (1977). *Biologie-Didaktik*. Köln: Aulis.

[82] Stichmann, W. (1970). *Didaktik Biologie*. Düsseldorf: Schwann

Killermann, W. (1974). *Biologieunterricht heute*. Donauwörth: Auer.

Staeck, L. (1975). *Zeitgemäßer Biologieunterricht.* Düsseldorf: Pro Schule; s. auch Anmerkung 4.

Als meine beiden Mitautoren aus Altersgründen aufhörten, wurde das Lehrbuch mit der 4. Auflage 1998 auf eine noch breitere Basis gestellt, indem ich eine große Anzahl von Kolleg/-innen für eine Neubearbeitung gewann. Bemerkenswert ist, dass die Erstautoren dazu ihre Texte zur Verfügung stellten.
Unsere „Fachdidaktik Biologie" hat nachfolgenden Biologiedidaktiken sichtbar als Vorbild gedient.

Internationale Konferenzen und Kontakte haben die Entwicklung der Biologiedidaktik in der Bundesrepublik wesentlich beeinflusst. Ich hatte das Glück, dass gleich nach meiner Ankunft am IPN das erste IPN-Symposium stattfand.[83] Der Anlass war, dass die VW-Stiftung die Gelder für das groß angelegte Curriculumprojekt des IPN sperren wollte. Man bezweifelte, ob das Projekt einen internationalen Vergleich aushalten könnte. Daraufhin ergriff der Institutsdirektor, *Karl Hecht,* die Initiative, indem er international führende Wissenschaftler zu der Tagung einlud. Alle, die damals in der Curriculumforschung Rang und Namen hatten, trafen sich in Kiel. Und es wurde deutlich: Alle kochten nur mit Wasser. Das habe

---

[83] *IPN-Symposium 1970 über Forschung und Entwicklung naturwissenschaftlicher Curricula*. Kiel: IPN.

ich als Anfänger gern wahrgenommen. Das IPN bekam als Folge des Symposiums weiter die Fördergelder für das Curriculumprojekt.
Die nachhaltigste Begegnung auf dem Symposium war die mit *Ehud Jungwirth* von der Hebrew University of Jerusalem, Israel Science Teaching Center, Rehovot. Ehud war als 16-Jähriger aus Wien mit anderen Jugendlichen nach Israel verschifft worden, um sie vor der Ermordung durch das nationalsozialistische Programm zur Judenvernichtung zu retten. 1970 begegnete Ehud uns Deutschen mit vorbehaltloser Kollegialität. Mit ihm verbindet mich eine langjährige Freundschaft.
Damals gab es eine Reihe von UNESCO-Konferenzen zur Förderung des Biologieunterrichts[84], an denen wir teilnahmen und internationale Kontakte knüpfen konnten. Sie gaben uns Impulse. Die Vereinigung europäischer Biologiedidaktiker (ERIDOB) wurde erst 1998 gegründet.[85] *Gerhard Schaefer* war sehr bald international erfolgreich und engagierte sich in der „International Union of Biological Sciences (IUBS)“. Er wurde Vorsitzender

---

[84] UNESCO (1977). *New trends in biology teaching.* Edinburgh: Metro Press.

[85] Kattmann, U. (1980). Ausländische Impulse zur Entwicklung des Biologieunterrichts. *Unterricht Biologie,* 4(48/49), 84-87.
Bayrhuber, H. & Brinkman, F. (Eds.). (1998). *What – Why – How? Research in Didaktik of Biology*. Kiel: IPN.

von deren Kommission für den Biologieunterricht und war zeitweise Weltreisender in Sachen deutscher Biologiedidaktik.[86]

Der wichtigste Schritt der Biologiedidaktik auf dem Weg zur anerkannten Wissenschaft war jedoch zweifellos die Förderung der Fachdidaktiken durch die DFG.
Zu diesem Zweck wurde auf Initiative von *Horst Bayrhuber* 1994 die „Arbeitsgemeinschaft der Didaktiken in den Naturwissenschaften (ADINA)“ ins Leben gerufen. Es ist das Verdienst von Horst, dass er ein Setting für die Vorbereitung der Anträge schuf, das zu erfolgreichen Antragstellungen führte. Wir trafen uns zu Workshops, auf denen Antragsideen und Entwürfe besprochen wurden. Die Regel, nicht destruktive, sondern konstruktive Kritik vorzubringen, fruchtete und ermu-

---

[86] Schaefer, G. (1980). Trends im Biologieunterricht europäischer Länder. In R. Hedewig & D. Rodi (Hrsg.), *Biologielehrpläne und ihre Realisierung* (S. 19-36). Köln: Aulis.

Kelly, P. J. & Schaefer, G. (Eds.). (1980). *Biological education for community development.* London: Taylor & Francis.

Schaefer, G. (1986). Ziele und Tätigkeiten der Commission for Biological Education (CBE) der International Union of Biological Sciences (IUBS). In R. Hedewig & J. Knoll (Hrsg.), *Biologieunterricht außerhalb des Schulgebäudes* (S. 322-328). Köln: Aulis.

tigte zur Weiterarbeit. Hilfreich war darüber hinaus die Unterstützung der Antragstellung durch Beratungsrunden, die von der DFG organisiert wurden.
Die Anträge der ADINA wurden fast alle genehmigt, darunter die biologiedidaktischen zur Interessenforschung und zur Didaktischen Rekonstruktion. Die Antragsteller wurden in die „Arbeitsgemeinschaft für empirisch pädagogische Forschung (AEPF)" aufgenommen und die Studien auf zwei Symposien während der Herbsttagung der Arbeitsgemeinschaft 1996 in Salzburg mit beachtlicher Resonanz vorgestellt und diskutiert.[87]
Trotz dieser positiven Entwicklung durch die Kooperation mit Erziehungswissenschaftlern sollten Fachdidaktiker darauf bedacht sein, nicht in Erziehungswissenschaft aufzugehen, sondern ihre Disziplin eigenständig weiterzuentwickeln (s. Abschnitt Ein problematisches Verhältnis).

Der Weg in die Wissenschaft führt manchmal in eine babylonische Sprachverwirrung. Die Titel von Forschungsarbeiten und Referaten auf den fachdidaktischen Tagungen verraten die Vorliebe für

---

[87] Komorek, M. (1999). Protokoll der Abschlusssitzung zum Symposium „Untersuchungen von Schülervorstellungen zu Biologie und Physik". In R. Duit & J. Mayer (Hrsg.), *Studien zur naturwissenschaftsdidaktischen Lern- und Interessenforschung* (S. 99-102). Kiel: IPN.

einen Jargon, der sich als Fachsprache ausgibt, aber sich in erster Linie dadurch auszeichnet, dass er unverständlich ist, zumindest für diejenigen, die nicht mit dem jeweiligen Spezialgebiet vertraut sind. Vielleicht sollte man eine Didaktik der Fachsprache entwickeln, die u. a. dazu befähigt, ansprechende und verständliche Titel für Forschungsreferate zu formulieren.
Selbstverständlich benötigen Wissenschaften ihre eigene Fachsprache. Der Soziolekt von Wissenschaftler/-innen entartet jedoch allzu leicht zum Selbstzweck und Imponiergehabe. Ein Bespiel ist mir aus dem IPN im Gedächtnis: Der Direktor, *Karl Frey,* meinte in einer Gesprächsrunde, „Artikulation“ sei für sprachliche Äußerungen kein gutes Fachwort. Er schlug stattdessen allen Ernstes „Ekphoration“ vor. Der Terminus sollte das „aus dem Gehege der Zähne Herausgetragene“ angeben. Als ich einwendete, wir sollten verständlich bleiben, ekphorierte *Freys* damaliger Mitarbeiter: „Ganz falsch, ganz falsch!“

Wer die Fachsprache bereichern möchte, sollte beachten: Wissenschaftlichkeit wird nicht durch neue Termini nachgewiesen, durch unverständliche gleich gar nicht!

Zick-Zack-Kurs zwischen Theorie und Empirie

Auf der Tagung „Biologiedidaktik als Wissenschaft“ beklagte *Horst Werner* 1979 vehement die Theorielastigkeit der Biologiedidaktik bei weitestgehend fehlenden empirischen Untersuchungen.[88] Ich empfand die vorgetragenen Argumente in erster Linie als Absage an die Strukturierungsdebatte, bevor diese reife Früchte tragen konnte. *Horst Werner* hatte jedoch Recht, dass die Empirie im Argen lag; den Gegensatz zur Theorie hielt und halte dagegen ich für verfehlt.

Wie falsch es ist, beides gegeneinander auszuspielen, zeigte sich an den empirischen Arbeiten selbst. 1980 publizierte *Lothar Staeck* seine Arbeit zur Effektivität von Medien im Biologieunterricht.[89] *Horst Werner* feierte sie wegen des Umfangs der erhobenen Daten als bahnbrechend. Der Vergleich der Wirksamkeit verschiedener Medien war damals durchaus üblich. Was aber soll man von einer empirischen Arbeit halten, in der die statistischen Ergebnisse mit Ursachen erklärt werden, die man vor allen erhobenen Zahlen durch eine Analyse hätte feststellen können. So

---

[88] Werner, H. (1980). Wo steht die Fachdidaktik Biologie? Strukturierungsansätze, Spekulationen und empirisches Defizit. In D. Rodi & E. W. Bauer (Hrsg.), *Biologiedidaktik als Wissenschaft* (S. 61-85). Köln: Aulis.

[89] Staeck, L. (1980). *Medien im Biologieunterricht*. Königstein: Scriptor.

begründet Lothar das unerwartet schlechte Abschneiden des Films damit, dass Bild und Kommentar nicht genau abgestimmt waren.
Mit der Absicht, empirische Arbeiten weiter zu fördern, wurden sie 1983 in das Tagungsthema aufgenommen. Im Heft der Zeitschrift „Unterricht Biologie“, das vor der Tagung erschien und der Tagungsmappe beilag, habe ich ein Pamphlet zum Wert von empirischen Untersuchungen für den Biologieunterricht publiziert. Die literarische Form des Pamphlets schien mir geeignet, den skizzierten Missstand der Theorieferne der Untersuchungen scharf zu beleuchten. Ein zentraler Satz lautete: Es ist „nicht ausgemacht, dass statistisch signifikant pädagogisch bedeutsam heißt.“[90] Mein Artikel wurde auf der Tagung in einer Arbeitsgruppe konstruktiv diskutiert.[91]

Die Theorielosigkeit manch fachdidaktischer Forschung wurde auch von Erziehungswissenschaftlern mehrfach kritisiert. Sie bezogen sich dabei jedoch vor allem auf erziehungswissenschaftliche

---

[90] Kattmann, U. (1983). Wert und Unwert empirischer Untersuchungen für die Verbesserung des Biologieunterrichts. *Unterricht Biologie*, 7(85), 41-43.

[91] Löwe, B. (1984). Bericht über die Arbeitsgruppe “Empirische Forschung im Biologieunterricht“. In R. Hedewig & L. Staeck (Hrsg.), *Biologieunterricht in der Diskussion* (S. 286-295). Köln: Aulis.

und psychologische Theorien. Meine Forderung jedoch war und ist, diese Theorien biologiedidaktisch zu wenden und biologiedidaktische Theorien zu entwickeln sind. Ich sehe als Erfolg dieser Diskussionen an, dass *Helmut Vogt* und *Dirk Krüger* den Band zu Theorien in der biologiedidaktischen Forschung herausgebracht haben, wobei der Begriff „Theorie“ dankenswert weit gefasst wurde. Das Buch ist wegweisend für das Zusammendenken von fachdidaktischen Theorien und Unterrichtspraxis.[92]

Die Diskussion um empirische Forschung bezog sich auf quantitative Untersuchungen. Qualitative Studien galten lange Zeit höchstens als Vorstudien zu quantitativen. Ihr Eigenwert ist in letzter Zeit erfreulicherweise zunehmend erkannt und dargestellt worden.[93]

---

[92] Krüger, D. & Vogt, H. (Hrsg.). (2007). *Theorien in der biologiedidaktischen Forschung. Ein Handbuch für Lehramtsstudierende und Doktoranden.* Heidelberg, Berlin: Springer.

[93] Gropengießer, H. (2005). Qualitative Inhaltsanalyse in der fachdidaktischen Lehr-Lernforschung. In P. Mayring & M. Glaeser-Zikuda (Hrsg.), *Die Praxis der Qualitativen Inhaltsanalyse* (S. 172-189). Weinheim: Beltz.

Janßen-Bartels, A. & Sander, E. (2004). Verallgemeinerung qualitativer Daten in der biologiedidaktischen Lehr-Lernforschung. In H. Gropengießer, A. Janßen-Bartels & E. Sander (Hrsg.), *Lehren fürs Leben. Didaktische Rekonstruktion in der Biologie* (S. 109-118). Köln: Aulis.

Quantitativ arbeitende Forscher stehen nach meinem Urteil in der Gefahr, sich in Zahlen zu verlieben und Signifikanzen für sich genommen für bedeutsam zu halten. Um dies zu vermeiden, sollten wir uns stets fragen, *welche didaktische und pädagogische Bedeutung ein signifikanter Unterschied hat oder habe könnte*. Diese Frage sollte in der Diskussion der Untersuchungsergebnisse beantwortet werden.

Um zu reflektieren, dass die Interpretation der Ergebnisse quantitativer Forschung allemal von qualitativen Annahmen und hermeneutischen Methoden abhängig ist, wäre es angebracht, jeweils *die Beiträge qualitativer Forschung anzugeben, auf denen die Interpretation der quantitativen Ergebnisse beruht*.

3. Teil: Oldenburger Ansichten und Einsichten

Einmischung in die Bezugswissenschaft

In seinem Beitrag zur Strukturierungsdebatte hat *Gerd von Wahlert* als Zoologe und Evolutionsbiologie die Biologiedidaktiker nachdrücklich aufgefordert, sich intensiv an der Theorienbildung innerhalb der Biologie zu beteiligen.

„Die Didaktiker ... sollten ihren Auftrag nicht nur durch die kritische Vermittlung und Korrektur der Aussagen der Fachwissenschaften erfüllen, sondern auch die Theorienbildung in der Fachwissenschaft zu beeinflussen suchen. Für ein solch partnerschaftliches Verhältnis zwischen wissenschaftlicher Biologie und Fachdidaktik fehlt wohl in der Bundesrepublik vorerst noch eine dafür unentbehrliche Grundlage, nämlich die Offenheit dafür bei einer hinreichend großen Zahl von Fachbiologen in der Forschung und der akademischen Lehre. Hier scheint noch die Auffassung vorzuherrschen, dass die Biologie als Naturwissenschaft sich nur an objektiv vorgegebenen Sachverhalten orientieren könne und dass anthropologische oder gesellschaftliche Fragen und Entwürfe allenfalls nur als Randbedingungen, nicht aber als Basis von Wissenschaftsverständnis und -betrieb gelten könnten oder dürften.“[94]

---

[94] s. Anmerkung 56

Entsprechend dieser Forderung habe ich mich als Biologiedidaktiker im Dialog mit fachbiologischen Kollegen in die biologische Theorienbildung eingemischt.
Eine ähnliche intensive biologiedidaktische Einmischung ist mir nur von *Detlef Eckebrecht* bekannt, der im Dialog mit der Verhaltensforscherin *Hanna-Maria Zippelius* mehrere Arbeiten veröffentlicht hat, in denen Ergebnisse der Ethologie methodenkritisch revidiert werden.[95]

Einige meiner Kolleg/innen meinen indes, es sei anmaßend, sich als Biologiedidaktiker/-in in die Fachwissenschaft einzumischen. Sie halten vielmehr das, was als fachwissenschaftlicher Konsens erscheint, als unbedingte Vorgabe, d. h. als Norm, nach der sich Biologiedidaktik zu richten habe. Sich an der fachlichen Theorien- und Konzeptbildung zu beteiligen, ergibt sich hingegen als genuine biologiedidaktische Aufgabe aus der Definition der Biologiedidaktik als Teil und Gegenüber der Biologie.[96] Die Auseinandersetzung mit fachlicher Theorienbildung und den daraus erwachsen-

---

[95] Eckebrecht, D. (1995). Instinktlehre – Vom Umgang mit Originalarbeiten. Dargestellt am Beispiel Springspinnen. *Praxis der Naturwissenschaften - Biologie,* 44(2), 41-43.
[96] s. Anmerkung 78

den didaktischen Konsequenzen ist in der didaktischen Rekonstruktion unmittelbar mit der fachlichen Klärung verbunden. Die Fachliche Klärung ist im Vergleich zu anderen Ansätzen ein Alleinstellungsmerkmal des Modells der Didaktischen Rekonstruktion. Da einige Kollegen die fachwissenschaftlichen Ergebnisse als normative Vorgabe für fachdidaktisches Arbeiten missverstehen, stieß die Aufgabe, sie unter Vermittlungsperspektive kritisch zu analysieren, bei ihnen vielfach auf Unverständnis (s. Abschnitt Oh, Rekonstruktion).

Dass ich Elemente aus der biologiedidaktischen Arbeit in die Fachwissenschaft einbringen konnte, verdanke ich drei hervorragenden Fachwissenschaftlern, die mich in besonderer Weise beeinflusst haben: Es sind der schon zitierte Ludwigsburger Evolutionsbiologe *Gerd von Wahlert,* der Oldenburger Geomikrobiologe *Wolfgang Krumbein* und der Wiener Anthropologe *Horst Seidler.*

Gerd von Wahlert lernte ich 1974 kennen, als er als fachwissenschaftlicher Kritiker zum IPN-Symposion zu den Strukturen des Biologieunterrichts eingeladen war[97]. Wir freundeten uns bald an. 1977 hatte ich die Ehre, einen seiner grundsätzlichen Artikel zur Evolutionsökologie zu bearbeiten. Er erschien im Band „Evolutionsbiologie",

---

[97] s. Anmerkung 24

den Gerd und ich zusammen mit *Johann Weninger* verfasst haben.[98] Gerds Grundidee ist die synökologische Deutung der Evolution, in deren Zentrum die umfassende Bedeutung der Ko-Evolution steht.

Wolfgang Krumbein war ab 1982 mein Kollege in Oldenburg. Organisatorisch ein Chaot war er der genialste unter meinen Kollegen. Wolfgang besaß die weltweit erste Professur für Geomikrobiologie. Im Zentrum seines Denkens steht das historische und das aktuale geologische Wirken von Mikroben bei der Gestaltung unseres Planeten, das lange Zeit völlig unterschätzt wurde und von Wolfgang unübersehbar in vielfältigen Facetten erfasst wurde.[99]

Horst Seidler besuchte mich 1982 in Oldenburg. Er suchte Verbündete in seinem Kampf gegen Rassismus und gegen das Leugnen der unheilvollen Mitwirkung von Anthropolog/-innen an der Rassenpolitik der Nationalsozialisten.

---

[98] Wahlert, G. von (1978). Evolution als Geschichte des Ökosystems „Biosphäre“. In U. Kattmann, G. von Wahler & J. Weninger, *Evolutionsbiologie. Wissenschaftliche und unterrichtliche Probleme* (S. 23-70). Köln: Aulis.

[99] Das folgende Buch zeigt exemplarisch Facetten der Geomikrobiologie am Beispiel einer jungen Insel:
Gerdes, G., Krumbein, W. E. & Reineck, H.-E. (Hrsg.). (1987). *Mellum. Portrait einer Insel.* Frankfurt: Waldemar Kramer.

Menschenrassen gibt es nicht

Seit dem Rassenwahn der Nationalsozialisten war Rassenkunde aus dem Biologieunterricht in Deutschland verbannt. Das hatte zur Folge, dass die Bücher ein einfarbiges Bild vom Menschen vermittelten. Es wurde so getan, als gebe es nur „weiße" Menschen. Das wollte ich ändern. Dabei wollte ich Menschen nicht als Rassetypen darstellen, sondern den Lernenden ein vielfältiges Bild von den Menschen innerhalb und zwischen den Rassen vor Augen stellen. Damals bin ich dennoch vom Rassenbegriff ausgegangen, habe aber versucht, ein zu einfaches Bild zu vermeiden, indem ich die Vielfalt innerhalb der Rassen und die Übergänge zwischen den Rassen betont habe. Die Produkte dieses Bemühens waren 1973 und 1974 zwei Bücher. Zum einen die am IPN entwickelte Unterrichtseinheit „DER Mensch und DIE Tiere", in der vom Betrachten und Ordnen der Vielfalt von Tieren zur Vielfalt der Menschen fortgeschritten wird.[100] Zum anderen das biologisch-sozialkundliche Arbeitsbuch „Rassen" mit dem Untertitel „Bilder vom Menschen".[101]

---

[100] s. Anmerkung 14

[101] Kattmann, U. (Hrsg.). (1973). *Rassen – Bilder vom Menschen. Biologisch-sozialkundliches Arbeitsbuch*. Wuppertal: Jugenddienst.

Rassenbuch 1973 und Vortrag über „Rassen" 2010

Der Rassenbegriff war Anfang der 1970er Jahre für die meisten Biologen und für mich selbst noch nicht fragwürdig. Heute ist für die Mehrheit der Biologen klar, dass die Einteilung in sogenannte Menschenrassen keine genetische Grundlage hat, sondern das Rassenkonzept beim Menschen ein soziales Konstrukt ist.

Die Rassenfrage berührt unmittelbar das Selbstverständnis der biologischen Anthropologie und die Auseinandersetzung der deutschen Anthropologinnen und Anthropologen mit ihrer Geschichte. An dieser Debatte habe ich als Mitglied des Wissenschaftlichen Beirats der „Gesellschaft für Anthropologie“ in deren Diskussionen und Publikationen mitgewirkt.[102]

1995 nahm ich auf Einladung von *Horst Seidler* an einem UNESCO-Workshop teil. Zur Emeritierung von Horst habe ich 2014 dazu die folgende Erinnerung geschrieben:

„Es war um 1985, als Horst Seidler in seiner unnachahmlichen engagiert entschiedenen Weise mir den Satz vorhielt: ‚Menschenrassen gibt es nicht'. Ich selbst hatte 1973 ein Buch zur Rassenfrage geschrieben, und so fuhr Horst fort: ‚Dein Buch war damals progressiv, aber heute ist es auch nur noch von historischem Interesse.'

Das Ringen sachgerechte Aussagen zu Rassen und Rassismus in der deutschen und österreichischen Anthropologie hatte uns 1982 zusammengeführt. Horst hatte zusammen mit Andreas Rett zwei Bücher zur Rassenkunde und Rassenhygiene als Wege in den Nationalsozialismus geschrieben. Dabei hatten sie insbesondere die Rolle der Biologischen Anthropologen und der Anthropologischen Institute bei der Umsetzung der nationalsozialistischen Rassenpolitik durch die Erstellung

---

[102] Preuschoft, H. & Kattmann, U. (Hrsg.). (1992). *Anthropologie im Spannungsfeld zwischen Wissenschaft und Politik.* Oldenburg: BIS der Universität.

Herrmann, B. & Kattmann, U. (1992). Stellungnahme zur Veröffentlichung von S. Ehrhardt (1990): Setukesen. *Anthropologischer Anzeiger*, 25(2), 157-163.

von so genannten Rassegutachten mit zahlreichen Dokumenten aufgedeckt.
Die kompromisslos scharfe Argumentation von Horst stieß bei manchen Kollegen auf Unverständnis, ja Feindseligkeit. Traditionell eingeprägte Vorstellungen ließen sich nicht leicht überwinden. Obgleich Partner im Kampf gegen jede Form von Rassismus habe ich selbst doch ungefähr 10 Jahre gebraucht, um die wissenschaftliche und humane Wahrheit der Aussage zur Realität von „Rassen" beim Menschen zu begreifen. Und das, obwohl hinreichend viele wissenschaftliche Belege bereits seit den 70er Jahren vorlagen und heute Legion sind.
1995 organisierte Horst anlässlich einer UNESCO-Konferenz in Stadtschlaining eine internationale Expertenkommission, für die er u.a. den Doyen der Populationsgenetik des Menschen, Luigi Luca Cavalli-Sforza, gewonnen hatte. In dem Statement der Experten heißt es: ‚Es gibt keinen wissenschaftlichen Grund, den Begriff der 'Rasse' weiterhin zu verwenden.'[103] Die Resonanz war schon während der Konferenz beträchtlich, wie z.B. der Bericht der örtlichen Tageszeitung dokumentiert.
Das biologische Rassenkonzept ist nicht geeignet, die genetische Vielfalt der Menschen angemessen zu erfassen. Diese Erkenntnis ist heute im Gegensatz vor noch 20 Jahren in den Texten von führenden Lexika, Lehrbüchern der Genetik und Anthropologie sowie Biologie-Schulbüchern angemessen umgesetzt.

---

[103] http://www.staff.uni-oldenburg.de/ulrich.kattmann/download/Res_deutsch.pdf

24 LEBEN KURIER

Wir alle sind aus demselben Holz

Genetik-Pionier Cavalli-Sforza bei UNESCO-Tagung im Burgenland: „Man kann die Menschen nicht nach Rassen einteilen" / „Aus" für Rassenbegriff

„Rassismus ohne Wissenschaft"

Die „Evas" lebten in Afrika: Von dort besiedelten die Nachfahren die Welt

Daran haben viele im Geiste von Horst Seidler mitgewirkt."

Dem Statement der UNESCO-Arbeitsgruppe wurde 1995 von der Mitgliederversammlung der Sektion Fachdidaktik im VDBiol einstimmig zugestimmt. Das Thema bleibt in der Wissenschaft und für den Biologieunterricht wichtig. Biologisch ist der Rassenbegriff beim Menschen überholt, pädagogisch und gesellschaftlich wegen Vorurteilen und diskriminierender Ungleichbehandlung ist er es jedoch nicht. Die Auseinandersetzung um

Flüchtlinge hat seit 2015 diese Frage erneut aktualisiert, nachdem sie 30 Jahre zuvor gleichsinnig gegenüber sogenannten Gastarbeitern artikuliert wurde. Die Wahrnehmung biologischer und kultureller Vielfalt in der Einheit mag hoffentlich ein wenig helfen, Stereotypen und Ausgrenzung von Menschen zu überwinden.[104]

Bioplanet Erde

Im Gespräch mit *Wolfgang Krumbein* schlug ich den Terminus „Bioplanet" für vom Leben geprägte Planeten vor, zuvörderst also für den Planeten Erde.[105] Dieser Begriff wurde von Geologen aufgegriffen, um globale Wirkungen von Lebensprozessen zu kennzeichnen.[106]

Gerd von Wahlert hatte schon früher ganz ähnliche Vorstellungen entwickelt, indem er Biosphäre

---

[104] Kattmann, U. (2013). Race, genes and culture. In M. Koegeler-Abdi & R. Parncutt (Eds.), *Interculturality: Practice meets research* (pp. 130-148). Newcastle upon Tyne: Cambridge Scholars.

Kattmann, U. (2017). Reflections on "race" in science and society in Germany. *Journ. of Anthropol. Sciences*, 95.

[105] Kattmann, U. (2004). Bioplanet Erde: Erdgeschichte ist Lebensgeschichte. *Unterricht Biologie*, 28(299), 4-14.

[106] Krumbein, W. E. (2004). Ist die Erde Lebewesen oder Lebensträger? In H. Gropengießer, A. Janßen-Bartels & E. Sander (Hrsg.), *Lehren fürs Leben.* (S. 190-196). Köln: Aulis.

nicht als Raum, sondern als den Zustand der Erde charakterisierte, seit es Lebewesen auf ihr gibt.[107]

Leitlinie Evolution

Die Einmischung in fachwissenschaftliche Theorienbildung hatte weitreichende biologiedidaktische Konsequenzen: Beeinflusst von *Gerd von Wahlert* und *Wolfgang Krumbein* entwickelte ich das Konzept des naturgeschichtlichen Biologieunterrichts, in dem Evolution als verbindende und durchgehende Leitlinie fungiert.[108] Zugrunde liegt die Sicht der Erdgeschichte als Lebensgeschichte. Mit dem Konzept des naturgeschichtlichen Unterrichts forderte ich 1995, dass der Evolutionsgedanke von Beginn an in den Biologieunterricht eingeführt und Evolutionsthemen systematisch auf der Sekundarstufe I behandelt werden sollen. Die Forderung ist besonders von *Hans-Dieter*

---

[107] s. Anmerkung 56

[108] Kattmann, U. (1994). Vom Blinden Fleck zum Leitfaden – Evolutionsbiologie im Unterricht. In L. Jäkel, M. Schallies, J. Venter & U. Zimmermann (Hrsg.), *Der Wandel im Lehren und Lernen von Mathematik und Naturwissenschaften, Band II: Naturwissenschaften* (S. 45-55). Weinheim: Deutscher Studien Verlag.

Kattmann, U. (1995). Konzeption eines naturgeschichtlichen Biologieunterrichts: Wie Evolution Sinn macht. *Zeitschrift für Didaktik der Naturwissenschaften*, 1(1), 29-42.

Lichtner, Jürgen Langlet, Jörg Zabel und Dittmar Graf tatkräftig unterstützt[109] und inzwischen in vielen Richtlinien umgesetzt worden.

Zum Niedersächsischen Lehrplan haben wir einen Unterrichtsgang von Klasse 5 bis 10 vorgeschlagen.[110] Auch die Autor/-innen der Leopoldina-Stellungnahme haben sich dem Konzept des frühen Evolutionsunterrichts angeschlossen.[111] Dar-

---

[109] Lichtner, H.-D. (2004). Erklärungskonzepte und Erschließungsstrategien als Elemente kumulativen Lernens. In VDBiol/ Ballmann et al. (Hrsg.), *Weniger (Additives) ist mehr – (Systematisches) kumulatives Lernen. Handreichungen für den Biologieunterricht in den Jahrgängen 5-10* (S. 42-56).

Zabel, J. (2006). Evolutionsunterricht in der Sekundarstufe I. *Praxis der Naturwissenschaften - Biologie,* 55(6), 1-5.

Giffhorn, B. & Langlet, J. (2006): Einführung in die Selektionstheorie. So früh wie möglich. *Praxis der Naturwissenschaften - Biologie,* 55(6), 6-15.

Graf, D. & Wieder, B. (2017). Zwei Welten begegnen sich? Das Thema Evolution und der Grundschulunterricht. *Sachunterricht Weltwissen,* (1), 6-7.

[110] Kattmann, U., Ambos, B. & Lichtner, H. (2007). Umsetzung naturgeschichtlicher Unterricht Sekundarstufe I. *Kerncurriculum Biologie (Niedersachsen) 2007.*

[111] Deutsche Akademie der Naturforscher Leopoldina (Hrsg.). (2017). *Evolutionsbiologische Bildung in Schule und Hochschule*. Leopoldina: Halle (Saale).

über hinaus stehen der Unterrichtspraxis exemplarische Unterrichtseinheiten zum Evolutionsunterricht in der S I zur Verfügung.[112]
Evolutionäre Erklärungen könnten jedoch bei allen Themen der SI und S II (z. B. bei Zytologie, Genetik und Stoffwechselphysiologie) genutzt werden, um bedeutungsvolle Zusammenhänge herzustellen. Dieses didaktische Prinzip ist noch kaum verwirklicht.

Anlässlich des Darwinjahres 2009 schrieb die VW-Stiftung einen Wettbewerb zur Popularisierung der Evolutionstheorie aus. Die Beiträge sollten sich ausdrücklich nicht auf Schulunterricht beziehen, sondern auf andere öffentliche Lerngelegenheiten.
Während viele Biologiedidaktiker/-innen ihr Fach von der Lehrerausbildung her legitimieren wollen, halte ich diese Begründung für nicht ausreichend. Würde der Biologieunterricht an Schulen abgeschafft, so wäre das Fach Biologiedidaktik bei dieser Herleitung hinfällig. Biologielernen ist jedoch nicht auf Schulunterricht beschränkt. Biologiedidaktik betrifft also auch das Biologielernen in

---

[112] Van Dijk, E. & Kattmann, U. (2008). Biologieunterricht in naturgeschichtlicher Perspektive. Zur Reform auf der Sekundarstufe I. Teil I: Grundlagen. Teil II: Umsetzung. *Der mathematische und naturwissenschaftliche Unterricht*, 61(1), 12-15; 61(2), 107-114; s. auch Anmerkung 109.

nicht formellen Situationen und außerschulischen Institutionen wie Umweltzentren, naturwissenschaftlichen Vereinen, Naturschutzstationen, naturkundlichen Museen, Zoos und botanischen Gärten sowie biologiebezogenen Ausstellungen. Die Zusammenarbeit von Biologiedidaktiker/-innen mit Museums-, Zoo- und Gartenpädagog/-innen wird leider viel zu wenig praktiziert. Es wäre sicher fruchtbar die diesbezüglichen Vereinigungen und Personen zur Mitarbeit in der Sektion Biologiedidaktik anzuregen.

Als ich mich 2009 kurz in der Universität aufhielt, sprach mich *Julia Schwanewedel* auf die Ausschreibung der VW-Stiftung an: „Das ist doch dein Leib- und Magenthema, da musst du doch etwas machen!“ „Ich bin pensioniert, ich muss gar nichts machen“, war meine erste Antwort. Ein wenig später fand ich jedoch, dass es eine gute Idee wäre, etwas mit jüngeren Kolleg/-innen gemeinsam zu entwerfen. Ich musste nicht lange überlegen, wer dafür in Frage kam: *Jorge Groß* war vor nicht langer Zeit mit einer Arbeit zu außerschulischen Lernorten promoviert worden, *Annette Scheersoi* mit der Gestaltung des ökologischen Exponats im Museum Koenig, Bonn: „Afrikanische Savanne“.
Wir trafen uns in Hannover, um ein gemeinsames Projekt zur Evolution aus der Taufe zu heben. Was

könnte geeignet sein, die Evolutionstheorie vielen Menschen in ungewohnter Weise nahe zu bringen?
Was uns von unseren Kompetenzen her einfiel, war eine Ausstellung. Das war nicht sonderlich originell. Der weiterführende Gedanke war, dass die Menschen nicht zu unserer Ausstellung kommen sollten, sondern die Ausstellung sollte zu den Menschen kommen. Sie müsste also dort stehen, wo viele Menschen aus anderen Gründen hinkommen. Mein Vorschlag war: Die Evolutionsausstellung sollte in einem Seitenschiff des Kölner Doms stehen. Ich fand meine Idee nicht schlecht, aber wohl kaum zu verwirklichen. Wir haben es nicht versucht, denn dann kam von Annette der Vorschlag: „Wir machen Stationen auf dem Verkaufspfad von IKEA." Jorge war sofort überzeugt. Ich war bis dahin noch nie bei IKEA gewesen, was die beiden kopfschüttelnd belustigte.
IKEA Hannover stimmte unserem Vorhaben nach mehreren Verhandlungen zu. Somit gingen wir an die konkrete Planung und überzeugten die Auswahlkommission der VW-Stiftung von unserem Konzept. Schließlich gewannen wir eine kompetente Agentur, mit der wir unsere Vorstellung gemeinsam umsetzen konnten.[113] Bei IKEA mussten

---

[113] www.researchgate.net/publication/277281297_Ausstellung_Evolution_schafft_Vielfalt_Dokumentation

wir allerdings um jeden Quadratzentimeter Platz für unsere Stationen kämpfen. Mit Begleitbuch und einer Vortragsreihe zu Themen der Evolution im Saal bei IKEA wurde die Ausstellung ein Erfolg. Leider verweigerte IKEA Deutschland das Wandern der Ausstellung durch weitere Filialen. Stattdessen wurde die Ausstellung nach Abbau bei IKEA Hannover mit großer Resonanz in Naturkundemuseen in Hildesheim, Freiburg und Frankfurt (Senckenberg) präsentiert.

Oh, Rekonstruktion!

In den 1970er und 1980er Jahren gab es noch kaum einen wissenschaftlich fundierten Rahmen für fachdidaktische Forschungsarbeiten. Auf dem Hintergrund meiner Kritik an theorielosen empirischen Arbeiten[114] machte ich mir Gedanken, welche Teile eine fachdidaktische Arbeit haben müsste, die ihren Namen verdient.

Zugrunde lag das Verständnis der Biologiedidaktik als Teil und Gegenüber der Biologie, mit dem eine kritisch-konstruktive Haltung der Biologiedidaktik gegenüber ihrer Bezugswissenschaft formuliert ist (s. Abschnitt Auf dem Weg zur eigenständigen Wissenschaft).

---

[114] s. Anmerkung 90

Von daher forderte ich, dass eine wissenschaftliche fachdidaktische Arbeit drei Teile enthalten sollte: einen analytischen, einen empirischen und einen konstruktiven Teil. Dabei könnte sich der analytische auf Unterrichtsinhalte, der empirische auf Voraussetzungen und Prozesse des Lernens und der konstruktive auf Unterrichtselemente beziehen.

Der analytische Teil erschien mir am leichtesten zugänglich und vertraut. Daher begann ich mit ihm.[115] Als ersten Schritt versuchte ich, ein biologisches Gebiet begrifflich und terminologisch zu klären, das ich für überschaubar hielt: Die Zellenlehre. Das Gebiet erwies sich hingegen als komplexer als gedacht. Heraus kam eine kleine Studie, wie Termini und Begriffe in der Zellenlehre lernförderlich gewählt werden können.[116]

Den entscheidenden Impuls für das empirische Vorgehen, gab mir die Erforschung von Schülervorstellungen, deren Bedeutung für das Lernen mir lange Zeit verschlossen geblieben war. Das lag

---

[115] Kattmann, U. (1992). Originalarbeiten als Quellen didaktischer Rekonstruktion. *Unterricht Biologie*, 16(174), 46-49.

[116] Kattmann, U. (1993). Das Lernen von Namen, Begriffen und Konzepten – Grundlagen biologischer Terminologie am Beispiel „Zellenlehre“. *Der mathematische und naturwissenschaftliche Unterricht (MNU)*, 46(4), 275-285.

auch daran, dass die bloße Erhebung von Schülervorstellungen bis dato kaum Auswirkungen auf den Unterricht gehabt hatte.[117] Es war ein Glücksfall, dass ich *Harald Gropengießer*, den ich als kompetenten und engagierten, darüber hinaus in über zehnjähriger Tätigkeit erfahrenen Lehrer aus Bremen kannte, 1992 als Doktoranden für die Universität Oldenburg gewinnen konnte.

Ilka und Harald Gropengießer auf dem Gesellschaftsabend 1991

Wir diskutierten darüber, welche Dissertation er machen könnte. Sinneswahrnehmung, Sehen, war durch sein Interesse gesetzt. Ich erläuterte

[117] Das hat sich geändert; vgl. Kattmann, U. (2015). *Schüler besser verstehen. Alltagsvorstellungen im Biologieunterricht*. Hallbermoos: Aulis.

meine Vorstellung zu den drei Teilen einer Arbeit, die Didaktische Rekonstruktion genannt werden könne. Ich erinnere mich, dass Harald nach einem solchen Gespräch am Abend nachdenklich nach Bremen fuhr, wo er weiterhin wohnte. Ich hatte den Eindruck, dass er skeptisch war, jedenfalls war ich nicht sicher, ob Harald sich auf diese Arbeit einlassen werde. Als wir uns am nächste Morgen trafen, überfiel er mich mit einem für mich überraschenden, begeisterten: „Das ist es!“, „So muss es sein!“ Ich stimmte ebenso begeistert ein. In Oldenburg entwickelten wir zusammen das „Modell der Didaktischen Rekonstruktion“. Harald brachte eines Tages das inzwischen berühmte Dreiecksschema aus Bremen mit:

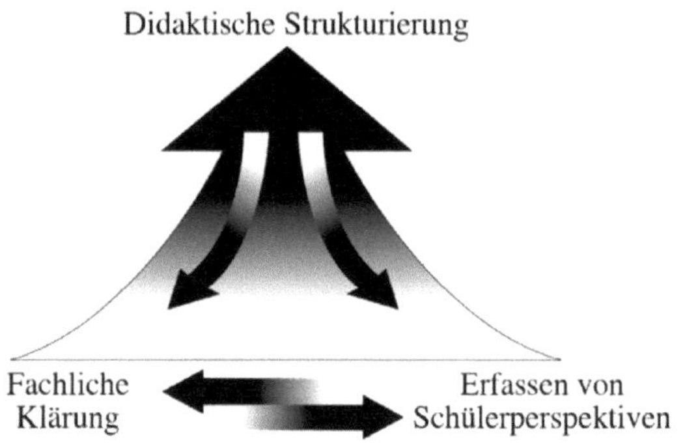

Ein weiterer glücklicher Umstand war es, dass zu gleicher Zeit am IPN die erste Sitzung der ADINA

(Arbeitsgemeinschaft Didaktiken der Naturwissenschaften) stattfand, auf der Ideen für Anträge zur Förderung durch die DFG vorgestellt werden sollten (s. Abschnitt Auf dem Weg zur eigenständigen Wissenschaft).
Nachdem ich die Idee zu einem Antrag zur Didaktischen Rekonstruktion vorgetragen hatte, sprach mich *Reinders Duit* an, er habe ganz ähnliche Vorstellungen, ob wir nicht gemeinsame Sache machen wollten. Das nahm ich gerne an. Reinders kannte ich als guten, liebenswerten Kollegen, wusste um seine internationale Wirksamkeit und natürlich rechnete ich auch damit, dass die Kooperation mit dem IPN zur Verbreitung unserer Ideen förderlich sein würde.

Der Titel „Didaktische Rekonstruktion" gefiel Reinders. Erst später haben wir gemerkt, dass ich, ohne mir bewusst zu sein, einen Ausdruck von *Karl Frey* übernommen hatte. *Frey* hatte ihn wohl einmal in einer Sitzung erwähnt und tatsächlich hatte er einen Aufsatz dazu geschrieben, der mir jedoch entfallen war. Der Aufsatz enthielt nicht unsere Ideen. Wir haben ihn aber selbstverständlich zitiert.[118]

---

[118] Frey, K. (1975). Rechtfertigung von Bildungsinhalten im elementaren Diskurs: Ein Entwurf für den Bereich der di-

Unsere Anträge bei der DFG wurden genehmigt. Reinders und ich haben dann zusammen mit unseren beiden ehemaligen Doktoranden, *Harald Gropengießer* und *Michael Komorek*, den grundlegenden Aufsatz zur Didaktischen Rekonstruktion in der Zeitschrift für Didaktik der Naturwissenschaften (ZfDN) publiziert. Er ist bis heute der meist zitierte Aufsatz der Zeitschrift (Google scholar citation am 17. 11. 2017: 368).[119]

daktischen Rekonstruktion. In R. Künzli (Hrsg.), *Curriculumentwicklung – Begründung und Legitimation* (S. 103-129). München: Kösel.

[119] Kattmann, U.; Duit, R., Gropengießer, H. & Komorek, M. (1997). Das Modell der Didaktischen Rekonstruktion – Ein Rahmen für naturwissenschaftsdidaktische Forschung und Entwicklung. *Zeitschrift für Didaktik der Naturwissenschaften*, 3(3), 3-18.

Harald hat die Dissertation zur Didaktischen Rekonstruktion des Sehens verfasst, die methodisch das Vorbild für die Oldenburger und darüber hinaus für viele weitere Arbeiten ist, die im Rahmen des Modells angefertigt worden sind.[120]
Im von der DFG-geförderten Oldenburger Projekt sind die Arbeiten von *Wilfried Baalmann* und *Vera Frerichs* zur Didaktischen Rekonstruktion in den Bereichen Evolution und Genetik entstanden.[121] Von der Deutschen Studienstiftung wurde die Arbeit von *Catja Hilge* zur Didaktischen Rekonstruktion im Bereich Mikrobiologie gefördert.[122]

---

[120] Gropengießer, H. (1997). *Didaktische Rekonstruktion des Sehens.* Oldenburg: ZPB [2. und 3. Auflage 2001 und 2007: Beiträge zur Didaktischen Rekonstruktion 1. Oldenburg: Didaktisches Zentrum].

[121] Baalmann, W., Frerichs, V., Weitzel, H., Gropengießer, H. & Kattmann, U. (2004). Schülervorstellungen zu Prozessen der Anpassung – Ergebnisse einer Interviewstudie im Rahmen der Didaktischen Rekonstruktion. *Zeitschrift für Didaktik der Naturwissenschaften*, 10, 7-28.

Frerichs, V. (1999). *Schülervorstellungen und wissenschaftliche Vorstellungen zu den Strukturen und Prozesse der Vererbung – ein Beitrag zur Didaktischen Rekonstruktion.* Oldenburg: Didaktisches Zentrum.

[122] Hilge, C. (1999). *Schülervorstellungen und fachliche Vorstellungen zu Mikroorganismen und mikrobiellen Prozessen – ein Beitrag zur Didaktischen Rekonstruktion.* Oldenburg: Didaktisches Zentrum.

Es war Zeit, die Förderung der Arbeiten zur Didaktischen Rekonstruktion auf eine breite Basis zu stellen. Nach einem Beratungsgespräch im IPN (s. Abschnitt Ein problematisches Verhältnis) verabredeten *Stefan von Aufschnaiter*, Physikdidaktiker in Bremen, und ich ein Graduiertenkolleg zu planen. Zusammen mit Kolleginnen und Kollegen der naturwissenschaftlichen Fachdidaktiken aus Bremen und Oldenburg stellten wir 1999 einen Antrag an die DFG. Trotz grundsätzlich positiver Begutachtung wurde der Antrag abgelehnt.
Im folgenden Jahr startete die niedersächsische Landesregierung ein neuartiges Programm zur Förderung von Promotionen. Die niedersächsischen Universitäten wurden aufgefordert, zu thematisch eingegrenzten Promotionsprogrammen Anträge einzureichen. Die Programme sollten 10 bis 15 Stipendien sowie eine sächliche Ausstattung erhalten. Aus der Ausschreibung ging hervor, dass in erster Linie moderne naturwissenschaftlich-technische Programme eine Chance hatten gefördert zu werden. Die Universitätsleitung der Universität Oldenburg hatte jedoch den Ehrgeiz, mindestens auch ein geisteswissenschaftliches Programm einzureichen. Als ich davon hörte, sprach ich den Sprecher der geisteswissenschaftlichen Fachbereiche an. Er war Pädagoge. Ich machte den Vorschlag, ein Programm zur Lehr-

Lernforschung auf der Grundlage des DFG-Antrags zur Didaktischen Rekonstruktion zu erstellen, jetzt aber nicht mehr beschränkt auf die Naturwissenschaftsdidaktiken, sondern unter Beteiligung aller dazu bereiten forschenden fachdidaktischen und erziehungswissenschaftlichen Arbeitsgruppen der Universität. Die Universität Bremen sollte mit der Arbeitsgruppe von *Stefan von Aufschnaiter* als Kooperationspartner dabei sein. Der Antrag wurde mit den dazu bereiten Kollegen und tatkräftiger Unterstützung meiner studentischen Mitarbeiterin und späteren Doktorandin *Elke Sander* ausgearbeitet: Beteiligt haben sich 10 Fachdidaktiken: Biologie, Chemie, Physik, Sachunterricht, Mathematik, Geschichte, Politik, Germanistik und Anglistik. Hinzu kamen drei erziehungswissenschaftliche Arbeitsgruppen: Empirische Lehr- und Lernforschung, Bildungsforschung und Schulpädagogik. Der Titel lautete: „Fachdidaktische Lehr- und Lernforschung – Didaktische Rekonstruktion".

Mir war klar, dass die Genehmigung des Antrags kein Selbstläufer sein würde. Von den niedersächsischen Universitäten wurden über 30 Anträge gestellt, von der Universität Oldenburg allein 3, neben unserem je einer zur Informatik und Frauenforschung. 5 Promotionsprogramme sollten in der

ersten Runde weitere 3 in einer zweiten Runde genehmigt werden.
Ich musste also etwas zur Unterstützung unseres Antrags tun. Es ist ein misslicher Umstand, dass die Lehrerbildung im Kultusministerium angesiedelt ist, die Forschungsförderung jedoch im Wissenschaftsministerium. Ich versuchte, zunächst einen Draht ins Kultusministerium zu nutzen. Es fügte sich, dass *Christiane Högermann* gerade zur Landesvorsitzenden Niedersachsen des „Verbandes Deutscher Biologen" (VDBiol, heute VBIO) gewählt worden war. Zum üblichen Antrittsbesuch der Vorsitzenden im Kultusministerium bat ich Christiane, mich als Vorstandsmitglied mitzunehmen. Ich war zu der Zeit Vertreter der Hochschulen im Landesvorstand. Ich verheimlichte nicht, dass ich bei dieser Gelegenheit für den Antrag zur Lehr-Lernforschung werben wollte. Christiane war einverstanden.
Im Gespräch mit der Kultusministerin *Renate Jürgens-Pieper* brachte ich an geeigneter Stelle mein Anliegen vor und betonte dabei die Bedeutung der fachdidaktischen Forschung für Schulentwicklung und Unterricht. Ich bat, den Wissenschaftsminister auf den Antrag und das Interesse ihres Ministeriums an ihm aufmerksam zu machen. Der Wissenschaftsminister war der spätere Fraktionsvorsitzende der Bundestagsfraktion der SPD und Vizepräsident des Bundestages, *Thomas*

Oppermann. Frau *Jürgens-Pieper* äußerte, dass sie „sehr gut mit Herrn Oppermann könne" und gern mit ihm sprechen wolle.
Die anwesende Referentin des Kultusministeriums kannte mich vom Referendariat in der Helene-Lange-Schule. Sie rief mich einige Tage später an. Die Ministerin habe mit Herrn *Oppermann* gesprochen. Der habe abweisend mit den Worten reagiert: „Dafür haben wir kein Geld!"
Meine Ahnung, dass unser Antrag nicht spontan auf Gegenliebe stoßen würde, war also richtig. Ich wusste selbstverständlich, dass nicht der Minister, sondern die von ihm eingesetzte Wissenschaftskommission sowie die von ihr bestellten DFG-Gutachter über die Anträge entscheiden werden. Deshalb war ich von der Auskunft aus dem Ministerium keineswegs entmutigt.
Ich rief stattdessen den Forschungsreferenten im Wissenschaftsministerium an. Er kannte mich, da ich sein Stellvertreter im Vorstand des Forschungszentrums „Terramare" gewesen war, durch den die Meeresforschung in Wilhelmshaven und Oldenburg koordiniert wurde. Im Vorstand saß ich als Vertreter der Wissenschaft, als ich in der Aufbauphase zwei Jahre das meereswissenschaftliche Institut der Universität (ICBM) leitete. Ich informierte den Forschungsreferenten über unseren Antrag und bot an, ihm den Antrag

zu schicken. Ich bat ihn, die zuständige Kommission auf den Antrag aufmerksam zu machen, falls er ihn für vernünftig hält. Ich begründete meine Bitte damit, dass ich verhindern möchte, dass der Antrag gleich unter den Tisch fällt, nur weil er die Lehrerbildung betrifft und daher gemeint wird, dass er keiner weiteren Prüfung bedürfe. Der Forschungsreferent war einverstanden.
Ich denke, dass mein Vorgehen – obgleich ich Bekanntschaften nutzte – nicht gegen wissenschaftliche Regeln verstieß. Ich habe niemanden gedrängt oder in seinem Urteil beeinflusst. Ich wollte lediglich die Zurückstellung der Lehrerbildung verhindern und somit ein angemessenes Verfahren sicherstellen.

Unser Antrag wurde in der 1. Runde genehmigt. Dem Promotionsprogramm wurden 12 Stipendien und die beantragten sächlichen Mittel zugewiesen. Wir nannten unsere „Graduate School" ProDid[123] und wählten als Kennzeichen ein Dreieckslogo.

123 https://www.uni-oldenburg.de/diz/promotionsprogramme/prodid-didaktische-rekonstruktion/

Zur Publikation von Forschungsarbeiten, die im Rahmen der Didaktischen Rekonstruktion angefertigt werden, gründeten wir eine Schriftenreihe, die von einem Beirat begleitet wird. Sie ist für verwandte Arbeiten anderer Hochschulen offen.[124]

Zur feierlichen Eröffnung unserer „Graduate School“ kam Minister *Thomas Oppermann*. Er würdigte unser Programm ausführlich:
„Das Vorhaben der Universität Oldenburg ,Fachdidaktische Lehr- und Lernforschung – Didaktische Rekonstruktion' ragt in gewisser Weise aus der Gesamtmenge der acht Graduate Schools heraus: Die Fachgebiete der bisher eingerichteten Graduate Schools umfassen - und das wird Sie nicht verwundern - z.B. Biomedizin, Molekularbiologie, Neue Materialien, Oberflächenforschung, ferner Physik und Mathematik/Statistik, also überwiegend die sog. ,harten' Wissenschaften. Neben der Graduate School ,Mittelalter- und Frühneuzeitstudien' an der Universität Göttingen wird an der Universität Oldenburg also ein Vorhaben in einem weiteren vermeintlich ,weichen' Fachgebiet gefördert – der Didaktik. Als hätten Sie und wir ,PISA' damals bereits vorausgeahnt! ...
Damit wird eine fächerübergreifende fachdidaktische Forschung als Schwerpunkt an der Universität Oldenburg etabliert. Dahinter steht also nicht nur der Exzellenz-Gedanke, sondern auch Effizienz. Entsprechend

---

124 https://www.uni-oldenburg.de/diz/publikationen/beitraege-zur-didaktischen-rekonstruktion/

euphorisch fällt das Votum der Gutachter aus. So viel Lob muss zitiert werden:
‚Alle beteiligten Hochschullehrerinnen und -lehrer sind hervorragend ausgewiesen und geeignet'; ‚hochkarätige Wissenschaftler sind beteiligt - es dürfte schwer fallen, an anderen Orten Deutschlands ähnliche Arbeitsgruppen zusammenzubringen'.
‚Oldenburg ist als Umfeld erstklassig.' ‚Basis für notwendige Kooperationen mit Schulen und Studienseminaren durch Rahmenvereinbarung mit Bezirksregierung ist gesichert; Programm ist wohl durchdacht'. Der Struktureffekt wird wie folgt hervorgehoben: ‚Die gesamte fachdidaktische Forschung wird koordiniert'. Lassen Sie mich zum Schluss folgendes hervorheben: In zahlreichen Gutachten, Stellungnahmen und Empfehlungen zur weiteren Entwicklung der Lehrerbildung sowie zur Situation der Schulforschung wird immer wieder hingewiesen auf die Notwendigkeit fachdidaktischer Forschung und Bildung wissenschaftlichen Nachwuchses. Wir brauchen tatsächlich dringend Nachwuchsqualifizierung in den Fachdidaktiken."

Da ich die Vorgeschichte kannte, musste ich bei den Ausführungen des Ministers grinsen (aber nur innerlich).
Die Eröffnung hatte eine positive Nachwirkung. Sie war möglich, weil ich das Programm schnell den Terminen des Ministers angepasst hatte. Am Vormittag sollte eigentlich der Festvortrag eines eingeladenen Professors aus Hannover (Germanistikdidaktik) stattfinden. Als ich hörte, dass der

Mitwirkende während der Eröffnung der Graduate School „Didaktische Rekonstruktion“ (von links): Vizepräsident für Forschung der Universität, Wissenschaftsminister Oppermann, ich, Stipendiatinnen Anne Janßen, Shu-Chiu Liu

Minister nur bis Mittag bleibt, habe ich das Programm spontan umgestellt: Der Festvortrag wurde auf den Nachmittag verschoben und stattdessen Kurzreferate von zwei Stipendiatinnen, *Anne Janßen* und *Shu-Chiu Liu,* über ihre beabsichtigten Arbeiten vorgezogen. Der Minister zeigte sich auf der anschließenden Pressekonferenz von den jungen Leuten beeindruckt.

Beflügelt von dem Verlauf der Eröffnung und ermutigt durch die Äußerungen des Ministers, schrieb ich ihm gleich am folgenden Tag einen Brief. Ich dankte ihm für seine Mitwirkung an der

Eröffnung, informierte ihn, dass es weitere kompetente Bewerber für Stipendien gebe und bat darum, dem Promotionsprogramm künftig noch das eine oder andere Stipendium zuzuweisen. Der zuständige Referent teilte mir daraufhin mit, dass dem Promotionsprogramm drei weitere Stipendien zugeteilt werden. Damit hatten wir die für die Promotionsprogramme vorgesehene größte Anzahl an Stipendien erreicht. Schneller und leichter habe ich nie wieder Drittmittel in dieser beträchtlichen Größe eingeworben.
Neben den 15 Stipendiat/-innen nahmen an der Graduate School ebenso viele weitere Doktorand/innen der beteiligten Arbeitsgruppen teil.
Im letzten Halbjahr von ProDid fand ein internationaler Workshop statt. Die Doktorand/-innen der Graduate School stellten ihre Studien anhand von Postern und Kurzreferaten vor.
Die Arbeitsgruppen hatten internationale Experten ihrer Disziplinen benannt. Auf Vorschlag von *Stefan von Aufschnaiter* war der schwedische Physikdidaktiker *Ference Marton* eingeladen. Als *Reinders Duit* dies hörte, meinte er warnend: „Da habt ihr euch ja einen harten Knochen als Kritiker geholt, Au Weia!“ *Marton* äußerte sich bei der auswertenden Schlusssitzung des Workshops: „That's the best I have ever seen in the world, because this is what subject learning is all about.“ Diese Erfahrung zeigt, dass es richtig ist, Personen

einzuladen, von denen die schärfste Kritik zu erwarten ist. Solche Personen sind glaubwürdig.

Reinders Duit (links) 2003 auf dem internationalen Workshop von ProDid im Gespräch mit dem Motivationspsychologen aus den USA, Richard Ryan

Das Programm hatte eine Laufzeit von drei Jahren. Danach konnte mit einem Bericht ein einmaliger neuer Durchlauf mit neuen Stipendien beantragt werden. Den Bericht und den Antrag konnte ich aufgrund unserer Promotionsergebnisse und damit verbundenen Publikationen leicht schreiben. Unserem Antrag auf Fortsetzung fügten wir Empfehlungsbriefe der ausländischen Experten des internationalen Workshops an. ProDid 2 wurde ohne Weiteres genehmigt.

Nach ProDid 2 wurde ein weiterer Promotionsstudiengang erfolgreich beantragt, der sich nun anstelle der didaktischen Rekonstruktion von Unterricht der didaktischen Rekonstruktion von Elementen der Lehrerbildung widmete: ProFaS (Prozesse fachdidaktischer Strukturierung). Zuletzt folgte ein weiteres Promotionsprogramm, in dem im Rahmen des Modells der Didaktischen Rekonstruktion gearbeitet wurde: Die Arbeiten in LÜP untersuchten den Übergang von der ersten zur zweiten Phase anhand der Praxisphasen der Lehramtsstudierenden. An den Folgeprogrammen beteiligten sich weitere Fachdidaktiken: Textiles Gestalten, Sport, Informatik, Technik, Musik.

Das von DFG geförderten Graduiertenkolleg „Naturwissenschaftlicher Unterricht“ der Universität Duisburg-Essen, das 2003 genehmigt wurde, wurde mit Recht als ein Durchbruch für die Forschung in den Naturwissenschaftsdidaktiken gewertet. Die Oldenburger Promotionsprogramme zeigen den Erfolg eigenständiger fachdidaktischer Forschung in der Kooperation von zahlreichen Fachdidaktiken. Diese Kooperation hat dabei nicht nur den Promovierenden vielfältige Sichtweisen der verschiedenen Fächer vermittelt. Bemerkenswert ist, dass die Zusammenarbeit auch bei den Lehrenden neue Lernprozesse initiierte.

Manche der beteiligen Professor/-innen hatten vorher nur über, aber nicht miteinander gesprochen. Jetzt lernten sie die Sicht- und Vorgehensweisen gegenseitig wertzuschätzen und für die eigene sowie die Arbeit der von ihnen betreuten Doktorand/innen zu nutzen. Als besonders wirkungsvoll erwies sich das Modell der Didaktischen Rekonstruktion dadurch, dass es konzeptionelles Arbeiten mit empirischem Arbeiten zusammenführte, sodass sich die unterschiedlichen Erfahrungen von Lehrenden in den beiden Bereichen fruchtbar ergänzten.
Beachtenswert ist auch, dass die erziehungswissenschaftlichen Arbeitsgruppen sich an den fachdidaktisch profilierten Programmen beteiligten und so ihre Expertise für die Fachdidaktiken fruchtbar einbrachten. Dies ist besonders das Verdienst von *Barbara Moschner* und *Hilbert Meyer*. Diese symbiotische Kooperation relativiert andere Erfahrungen (s. Abschnitt Ein problematisches Verhältnis).

Manche Kolleg/-innen hielten „Didaktische Rekonstruktion“ anfänglich nur für ein neues Wort und sahen nicht den Unterschied zur didaktischen Reduktion. Sehr bald wurde die Fruchtbarkeit der Konzeption jedoch anerkannt. Das Modell der Didaktischen Rekonstruktion ist weiter entwickelt worden und inzwischen national und international als fachdidaktisches Paradigma etabliert.[125]

Mehrere Doktoranden von *Harald Gropengießer* wurden auf Professuren berufen: *Jörg Zabel* (Leipzig), *Jorge Groß* (Bamberg), *Holger Weitzel* (Weinheim) und *Kai Niebert* (Zürich). M. W. ist dieser Berufungserfolg nur mit der personellen Dissemination aus dem IPN vergleichbar, die jedoch über einen größeren Zeitraum und ohne gemeinsamen Forschungsrahmen erfolgte (s. Abschnitt Erziehungswissenschaftliche Wende). Darüber hinaus haben viele Kolleginnen und Kollegen, mit denen wir keinen persönlichen Kontakt hatten, Forschungen nach dem Modell durchgeführt.

---

[125] Duit, R., Gropengießer, H., Kattmann, U., Komorek, M., & Parchmann, I. (2012). The Model of Educational Reconstruction – a framework for improving teaching and learning science. In D. Jorde & J. Dillon (Eds.), *Science education research in Europe* (pp. 13-37). Rotterdam: Sense Publishers.

Gropengießer, H. (2012). Die Dreiecksbeziehung der Didaktischen Rekonstruktion – ein Forschungsprogramm mit diversen Untersuchungsplänen. In S. Bernholt (Hrsg.), *Konzepte fachdidaktischer Strukturierung für den Unterricht* (S. 16-30). Berlin: Lit Verlag.

Eine ungewöhnliche Auszeichnung erhielt 2017 *Jorge Groß* mit dem Ars legendi-Fakultätenpreis in der Kategorie Biowissenschaften. Dies ist besonders bemerkenswert, als diesen von den Fakultäten vergebenen Preis vorher noch nie ein Fachdidaktiker erhalten hat. An der Universität Bamberg gibt es keine biowissenschaftliche Fakultät. Jorge hat in dieser Situation die Lehre der Biologie nach dem Modell der Didaktischen Rekonstruktion gestaltet. Daher ist nach seinen Worten, mit ihm zugleich das Modell der Didaktischen Rekonstruktion ausgezeichnet worden.

Ein problematisches Verhältnis

Das Verhältnis zwischen Fachdidaktiken und Erziehungswissenschaften kann man systematisch angehen. Dann ergibt sich insbesondere eine wissenschaftsmethodische Verwandtschaft.

Es ist deshalb naheliegend, dass Wissenschaftler/-innen der Allgemeinen Didaktik und Fachdidaktik, sowie der empirisch forschenden Erziehungswissenschaft und Psychologie gemeinsame Ziele verfolgen. In der Anfangszeit haben Erziehungswissenschaftler die Anträge aus der Fachdidaktik bei der DFG gefördert und die mit der DFG unerfahrenen Fachdidaktiker/-innen eingehend beraten. Der Motivationspsychologe *Andreas Krapp* spielte dabei eine besonders positive Rolle. Die empirisch

forschenden Pädagogen haben uns sogar in ihre Arbeitsgemeinschaft (AEPF) aufgenommen und mit uns Ziele und Konzepte der fachdidaktischen Forschung konstruktiv erörtert.[126]
Jenseits dieser erfreulichen Prozesse ist jedoch das Verhältnis der Wissenschaftler aus beiden Bereichen oft problembeladen (s. Abschnitt erziehungswissenschaftliche Wende).

In einem Gespräch 1999 im IPN, in dem wir Expertise für die Antragstellung eines Graduiertenkollegs zur Didaktischen Rekonstruktion in Oldenburg und Bremen einholen wollten, bemängelte der damalige Direktor des IPN, *Manfred Prenzel*, die Absicht, dass wir das Modell nicht nur auf Forschung, sondern auch auf Unterricht anwenden wollen. Wir sollten uns entscheiden, *Prenzel* apodiktisch: „Beides zugleich geht nicht."
Glücklicherweise sind wir dieser Empfehlung nicht gefolgt. Das Modell hat sich inzwischen in Forschung und Unterrichtspraxis als fruchtbar erwiesen. Es ist geradezu ein Markenzeichen des Modells der Didaktischen Rekonstruktion, dass in ihm die Vermittlungsabsicht von Beginn an in allen Teilaufgaben bedacht wird. Somit ist ein un-

---

[126] s. Anmerkung 87

mittelbarer Praxisbezug gegeben und die Anwendung in der Unterrichtsplanung und -reflexion bereits in der Forschung angelegt.[127]
Die Empfehlung des Erziehungswissenschaftlers hätte also geradewegs in den Elfenbeinturm einer von Praxis abgelösten und sich selbst befriedigenden Grundlagenforschung geführt.

Ein erziehungswissenschaftlicher Gutachter war mir schon früher mit vehement vorgetragenem Expertenwissen unangenehm begegnet. Er war 1997 frisch auf eine Professur berufen worden, als er von der DFG als Gesprächspartner zu einer Beratungsrunde hinzugezogen wurde, in der über die Folgeanträge zu unseren DFG-Projekten beraten werden sollte. *Wilfried Baalmann* trug unser Vorgehen und erste Ergebnisse vor. Da legte der Experte los: Unsere Interviews seien unmöglich,

---

[127] Gropengießer, H. (2016). Unterricht planen. In H. Gropengießer, U. Harms & U. Kattmann (Hrsg.), *Fachdidaktik Biologie* (S. 227-242). Hallbergmoos: Aulis.

Kattmann, U. (2004). Unterrichtsreflexion im Rahmen der Didaktischen Rekonstruktion. *Seminar – Lehrerbildung und Schule,* 10(3), 40-49.

Jelemenská, P. (2012). Lehrervorstellungen zum Lehren und Lernen von Evolution – eine Fallstudie zum fachdidaktischen Coaching. *Zeitschrift für Didaktik der Naturwissenschaften,* 18, 229-259.

da so Kommunikation nicht stattfände. Er hatte offensichtlich nichts verstanden, für Fachdidaktik kein Gespür, meinte stattdessen, meinen Doktoranden ungehemmt und respektlos angehen zu dürfen. Wilfried antwortete ruhig, indem er die Anlage unserer Interviews noch einmal sachgemäß erläuterte. Ich schäumte innerlich vor Wut, konnte dem Kritiker aber nicht Paroli bieten, weil dies dem Setting der DFG-Beratungen widersprochen hätte. Der Folgeantrag wurde nicht genehmigt, obwohl in dem mitgeteilten Gutachtenauszug stand, dass die Ergebnisse der bisher durchgeführten Studien „nicht uninteressant sind."

Es kann nicht vorausgesetzt werden, dass erziehungswissenschaftliche Gutachter, den spezifischen Ertrag fachdidaktischer Arbeiten erkennen oder wertschätzen. Nachdem die didaktische Rekonstruktion sich bereits in zahlreichen Forschungsarbeiten bewährt hatte, lud mich die Schweizer Geographiedidaktikerin *Sybille Reinfried* 2008 zu einer Tagung nach Zürich ein. Zusammen mit dem Oldenburger Doktoranden der Geschichtsdidaktik, *Christian Mathis*, gestalteten wir einen Vortrag zum Modell der Didaktischen Rekonstruktion. Wir demonstrierten die drei Forschungsaufgaben durch je ein Beispiel aus unseren drei Unterrichtsfächern: Erhebung von Schülervorstellungen am Beispiel Französische Revolution, fachliche Klärung am Beispiel Genetik und Didaktische Strukturierung am Beispiel Klimawandel. Wir reichten einen entsprechenden Beitrag für die Schweizer Zeitschrift „Beiträge zur Lehrerbildung“ ein. Die Gutachter meinten, die Didaktische Rekonstruktion sei ja nun auch nicht mehr ganz neu, man solle die Erläuterungen dazu kürzen. Es wäre auch besser das Modell nur an einem Beispiel zu erläutern, und sie forderten uns schlussendlich auf: „Kommen sie aus ihrer fachdidaktischen Ecke!“ Das Ganze las sich wie eine Ablehnung, die aber nicht explizit ausgesprochen wurde. So übten wir uns in der positiven Aufnahme einer negativen Stellungnahme. Wir dankten den Gutachtern für die Annahme unseres Beitrags und konstruktive Vorschläge. Betonten aber, dass wir die interdisziplinäre Darstellung aus drei verschiedenen Fächern für besonders reizvoll halten und deshalb nicht ändern wollen. Außerdem meinten wir, dass die Leser der Zeitschrift für fachdidaktische Überlegungen sicher aufgeschlossen sein werden. Der Beitrag erschien fast unverändert.[128]

---

[128] Reinfried, S., Mathis, C. & Kattmann, U. (2009). Das Modell der Didaktischen Rekonstruktion – eine innovative Methode zur fachdidaktischen Erforschung und Entwicklung von Unterricht. *Beiträge zur Lehrerbildung,* 27(3), 404-414.

Unpassende Noten: gar nicht ‘um kümmern!
Notengeben ist bei der Leistungsmessung die Regel, werden doch Punkte üblicherweise in Noten umgewandelt. Im Botanischen Großpraktikum kam zur Abendstunde der betreuende Assistent herein. Es befand sich außer mir nur noch ein Student im Raum. Er studierte Englisch und Biologie: *Eckart Klein.* Er war später Lehrer in Hannover, hat ein bilinguales Wörterbuch zur Biologie verfasst und war im Verband Deutscher Biologen aktiv.[129] Der Assistent ließ sich die Zeichnungen von Eckart zeigen und sagte daraufhin empört: „Für diese Bahnen, die Sie gemalt haben, gebe ich Ihnen eine Fünf.“ Eckart antwortete mit ruhiger Stimme ohne zu provozieren: „Ach, Herr Dr. Lorenzen, ich komme über den Zweiten Bildungsweg. Ich bin erwachsen. Mit Zensuren können Sie mir nicht imponieren.“ Diese Haltung hat mich schwer beeindruckt. Recht hat er! Ich nahm mir vor, ebenfalls erwachsen zu werden und mich um Zensuren nicht mehr zu kümmern. Meinen Prüfungen habe ich dank dieser Erfahrung völlig gelassen entgegengesehen. Zugegeben: Das war damals ohne die durch Noten bestimmten Zulassungsbeschränkungen zum Studium und Referendariat viel leichter als heute.

---

[129] Klein, E. (2005). *Bilinguales Wörterbuch Biologie*. Herausgegeben vom VDBiol.

Nach Annahme meiner Dissertation musste ich innerhalb des Rigorosums zur Promotion eine mündliche Prüfung in Pädagogik bei *Karl Frey* ablegen. Eine Bestnote hielt ich von vornherein für unwahrscheinlich, denn in Pädagogik fühlte ich mich im Gegensatz zu meinen beiden anderen Fächern, Anthropologie und Zoologie, nicht zu Hause. So war ich ganz zufrieden, dass in der Pädagogikprüfung ein „gut" heraussprang, obgleich sie wider Erwarten ohne Problem verlaufen war. Bei der Verabschiedung aus dem Prüfungsraum fiel mein Blick zufällig auf den Zettel, auf dem *Frey* sich während der Prüfung Notizen gemacht hatte. Da standen Ziffern: 1, 2, 1, 1, 2, 5, 1, 1, 1, 2. Daraufhin fragte ich: „Herr Frey, was sind denn das für Ziffern auf Ihrem Zettel?" „Das sind Ihre Zensuren." „Dann möchte ich doch gern wissen, worauf sich die 5 bezieht." „Sie haben gesagt: ‚Es gibt keine pädagogische Anthropologie'." Ich lächelte: „Ich habe gesagt ‚Es gibt keine pädagogische Anthropologie, die nachgewiesen hat, dass Kleinkinder nur eine einzige Bezugsperson für die Ausbildung des Urvertrauens benötigen.' Aber ich will Ihre Zensur gar nicht in Frage stellen, sondern nur wissen, wie sie zustande kommt." Der Prüfungsbeisitzer grinste.

Dass Zitate ohne den zugehörigen Relativsatz den Inhalt einer Aussage verfälschen, hatte ich im Studium bereits bei einem Göttinger Pädagogikprofessor erfahren. *Heinrich Roth*, der mich im Philosophicum in Pädagogik geprüft hat, ist Verfasser eines damals als Standardwerk geltenden Lehrbuchs der Pädagogischen Psychologie.[130] Darin zitiert er den niederländischen Pädagogen *Martinus Jan Langeveld* mit der Aussage: „Die Kulturpubertät ist eine pädagogische Aufgabe in jeder Gesellschaft."[131] Punkt. Ende des Zitats. Ich musste, als ich dies las, empört schnaufen. Im Rahmen meines Studiums zur Sexualerziehung hatte ich die von *Roth* zitierte Studie von *Langeveld* gelesen. Dort fährt die zierte Aussage mit einem Relativsatz fort: „..., welche nicht überwiegend durch Tradition oder diktatorische Orthodoxie beherrscht wird." Mit dem Verfälschen der Aussage durch Weglassen eines Relativsatzes befanden sich *Frey* als Täter mit *Roth* – und ich als Opfer mit *Langeveld* – in guter Gesellschaft.

---

[130] Roth, H. (1970). *Pädagogische Psychologie des Lehrens und Lernens*. Hannover: Schroedel.

[131] Langeveld, M. J. (1959). *Studien zur Anthropologie des Kindes*. Tübingen: Niemeyer.

Klaus Dylla (links) und Gerhard Schaefer während einer Sitzung in Kiel

Klaus Dylla war Referent auf einem IPN-Seminar zur Leistungsmessung im Biologieunterricht. Er war nicht nur ein Curriculumentwickler der ersten Stunde[132], sondern ein vollblütiger Biologielehrer, der lebhaft und eindringlich aus seiner Unterrichtspraxis berichten konnte. Es ehrt ihn, dass er die folgende Geschichte auf dem Seminar unverblümt erzählte:

„Zur Wiederholung der letzten Stunde rief ich einen Schüler nach vorne. Ich hatte den Aufbau der Grasblüte behandelt. Am Ende der Stunde hatte ich ein Schema abzeichnen und beschriften lassen. ‚Ich will es dir leicht machen', sagte ich, projizierte das Schema

---

132 s. Anmerkung 39

der Grasblüte ohne Beschriftung an die Wand und fragte: ‚Wie heißen die lanzettlichen Gebilde?' ‚Sie heißen Spelzen', ‚Wie heißt die äußere?' Fragend antwortete der Schüler: ‚Deckspelze?', ‚Falsch!', sagte ich, ‚Hüllspelze und Deckspelze darfst du nicht verwechseln! Deine Leistung ist ungenügend. Setz dich!'
Der Schüler hat leider nie erfahren, was ich heute davon halte: Ich war völlig befangen in meinem Unterrichtsstoff. Die Grasblüte sollte eben gelernt werden. Jedes Mal, wenn der Stoff dran war, musste ich jedoch selbst im Buch nachsehen, was die Hüllspelze und was die Deckspelze in der Grasblüte ist. Aber meine Schüler sollten das lernen und auswendig wissen! Ich fragte unbedenklich die Spelzen ab und schrieb ohne Zögern eine 6 an, wenn eine so einfache Frage nicht richtig beantwortet wurde."

Die Grasblüte mag als Lerngegenstand veraltet sein. Das schützt nicht davor, mündlich oder schriftlich unsinnige Einzelheiten abzufragen. Ich lehne reine Reproduktionsaufgaben radikal ab. Solche Aufgaben führen zu geistlosem Auswendiglernen. Das Lernen von Biologie wird mit ihnen nicht geprüft, sondern ausschließlich eine Gedächtnisleistung. Die Stufe „Reproduktion" sollte abgeschafft werden.

Der passende Schlüssel: Hol mich hier raus!

Das Folgende erzähle ich wegen der prüfungsdidaktischen Pointe. Es geschah im Zusammenhang mit einer Besprechung zum Schulbuch „Kennzeichen des Lebendigen", dessen Bearbeitung für die Hauptschule der Bonner Biologiedidaktiker *Ferdinand Rüther* und ich herausgegeben haben.[133]

Der Sitz des Verlags war Stuttgart, die Übernachtungen fanden oft im nahe gelegenen Weinort Strümpfelbach statt. Beim ersten Aufenthalt checkten Ferdi und ich ins Hotel ein und gingen anschließend zum Abendessen in das vor dem Hotel liegende Restaurant. Nach ein paar Vierteln Trollinger Rotwein kehrten wir guten Mutes zurück zum Hotel. Ferdi ging festen Schrittes voran, den Hotelschlüssel schon in der vorgestreckten Hand. Er schloss die Eingangstür auf. Wir traten in die Halle ein und sahen den Empfang, wo wir eingecheckt hatten. Wir wussten, dass sich unsere Zimmer im ersten Stock befanden: Nr. 15 und 17. Wir gingen dorthin: Es waren keine Zimmer 15 und 17 zu finden. Sollten wir uns täuschen? Wir gingen in den 2. Stock: Keine Zimmer 15 und 17. Ferdi erklomm ein paar Sprossen der Bodenleiter und rüttelte an der Bodenklappe. Ich ging hinunter ins Erdgeschoss und setzte mich auf die Treppe. Ferdi kam mir nach und wollte noch die

---

[133] s. Anmerkung 20

Kellertreppe hinuntergehen. Ich hielt ihn auf und sagte lachend: „Ferdi, wir müssen hier raus! Ich weiß nicht, was los ist. Ich weiß nur eins: Wir müssen hier raus!“
Als wir draußen standen, aber erst da, war sofort alles klar. Gegenüber von dem Hotel stand ein Zwillingshaus. Jetzt erst erinnerten wir uns: Wir waren vom Empfang mit unseren Koffern dorthin hinübergegangen. Der Schlüssel passte auch hier. Im ersten Stock fanden wir unsere Zimmer.

Diese Geschichte habe ich meinen Student/-innen bei den Vorbereitungen zum Examen als Gleichnis für die Blockade in einer mündlichen Prüfung erzählt und als Folgerung empfohlen: „Wenn Sie ein Blackout im Prüfungsgespräch haben, sollten Sie lieber nicht weiterreden und nach Antworten suchen, sondern sagen: ‚Jetzt stehe ich auf dem Schlauch.‘ Mit einer Frage hat Sie der Prüfer nämlich in ein falsches Haus gelockt und mit der Bestätigung Ihrer Antwort das Gefühl gegeben, dass Sie im richtigen Haus sind (der Schlüssel passte). Bei der nächsten Frage finden Sie keine Antwort (die Zimmer sind im falschen Haus nicht zu finden). Sie suchen an allen möglichen Stellen und wissen gar nichts mehr (Rütteln an der Bodentreppe, keine Erinnerung an das Kofferschleppen). Es hilft nur eins: den passenden Schlüssel zu ignorieren und aus dem Haus zu gehen. In der

Prüfung heißt dies: die erste Frage samt Antwort zu vergessen und neu anzusetzen."
Prüfer sollten die Situation erfassen und den Prüfling aus dem falschen Haus herausholen. Dann ist auf einmal alles sonnenklar!

Ferdinand Rüther und ich 1979 vor dem Verlagsgebäude in Stuttgart

Empfehlung an die Jungen

Auf dem internationalen Workshop des Oldenburger Promotionsprogramms LÜP hatte ich die Ehre, eine Keynote zu sprechen. Die Organisatorin des Workshops, *Barbara Moschner*, bat mich, mein letztes Projekt vorzustellen oder mein „Lebenswerk“. Ich tat mit dem Untertitel „My Curriculum as a Teacher and Researcher“ beides[134] und gab den anwesenden Doktorandinnen und Doktoranden ein paar Empfehlungen, die ich hier wiederhole:

Seinen Forschungsgegenstand lieben. Es war um 1990 als ich in Oldenburg Besuch von einem jungen Mann bekam. Er war von einem anderen Hochschulstandort angereist. Er berichtete mir, er habe Schwierigkeiten mit seinem (mir bekannten) Doktorvater, der etwas Anderes von ihm wolle, als er selbst vorhabe. Er erläuterte mir sein Vorhaben und seinen Untersuchungsplan. Ich fand sein geplantes Vorgehen völlig angemessen. Daher riet ich ihm, an seinen Plänen festzuhalten und zu versuchen, seinen Doktorvater davon zu überzeugen. Um ihm den Rücken zu stärken, sagte ich ihm außerdem, dass ich ihn unterstützen

---

134 (http://www.staff.uni-oldenburg.de/ulrich.kattmann/download/Curricum_Keynote_LUeP_Kopie.pdf

werde, falls ihm das nicht gelänge. Er hatte Erfolg, wurde mit der von ihm geplanten Arbeit promoviert und ist heute Professor der Biologiedidaktik. Auch wegen dieser Episode gebe ich an Doktorandinnen und Doktoranden den Rat weiter, von dem mein Lieblingssänger, *Harry Belafonte*, auf einem seiner Konzerte erzählte: „My mother advised me, never sing a song you don't like!" Andernfalls muss man immer wieder dasselbe ungeliebte Lied singen.

Erst nachdenken, dann lesen: Bevor Sie sich in die Literatur zu Ihrem Forschungsthema vertiefen, denken Sie zuerst selbst über Ihren Gegenstand nach und versuchen Sie, Ihre eigenen Gedanken, Urteile und Hypothesen zu bilden.
Erst dann sollten Sie die Literatur sichten und mit Ihren eigenen Ideen konfrontieren. Halten Sie an Ihren Ideen fest nach dem Motto: „Zunächst mal habe ich recht!", und revidieren Sie Ihre Annahmen erst, wenn sie sich als unhaltbar erweisen: Auf diese Weise können Sie sich tiefgehend und systematisch mit der Literatur auseinandersetzen, ohne in der Informationsflut zu versinken. Dabei ist es selbstverständlich wichtig, die eigenen Ideen ständig zu prüfen: Weder starr an ihnen festzuhalten noch sie wankelmütig und vorschnell aufzugeben.

Theorie und Praxis verbinden: Da es in der Biologiedidaktik um das Lernen und Lehren von Biologie, d. h. um die Vermittlung von biologiebezogenem Wissen geht, sollten Sie Ihr wissenschaftliches Selbstbewusstsein nicht aus dem Beherrschen empirischer Methoden beziehen. Die Nagelprobe dafür, ob Ihre biologiedidaktischen Forschungsergebnisse wertvoll sind, ist nicht, ob sie in einer wissenschaftlichen Zeitschrift publiziert werden. Auch nicht, ob Ergebnisse statistisch signifikant sind. Entscheidend ist, ob Forschungsergebnisse geeignet sind, das Lernen der Biologie zu befördern. Gegenüber diesem Kriterium ist selbst das Lehren von Biologie nachrangig: Denn Lehren ist Fördern von Lernen – oder vergeblich.

Ich rate Ihnen daher, sich nicht völlig dem Qualifikationswahn durch Publikation in internationalen Zeitschriften mit hohem Impactfaktor hinzugeben. Sie würden dabei möglicherweise wissenschaftlich reüssieren, aber im Elfenbeinturm sich selbst genügender Wissenschaft gefangen sein und so Ihren Beruf als Biologiedidaktiker/-in verfehlen.

Professionelle Aufgabe ist es nicht, sich allein an Kolleg/-innen der Hochschulen zu wenden, sondern ebenso an Biologielehrer/-innen. Wir sollten zweigleisig fahren und so dafür sorgen, dass unsere Forschungsergebnisse das Lernen und Leh-

ren der Biologie in Schulen und anderen Bildungseinrichtungen erreichen. Dazu sind Publikationen und Veranstaltungen geeignet, die sich an in der Praxis tätige Lehrerinnen und Lehrer richten. In den naturwissenschaftlichen Fächern sind das beispielhaft die Veranstaltungen des Verbands zur Förderung des MINT-Unterrichts (MNU) und das MNU Journal sowie die Unterrichtszeitschriften des Friedrich Verlags. Man mag einwenden, dass fachdidaktische Publikationen nach empirischer Erhebungen zum Lehrerverhalten von Lehrer/-innen kaum gelesen werden. Das gilt nicht im gleichem Maße für die engagierten und in der Fortbildung Tätigen. Und im Übrigen ist das bei Fachdidaktiker/-innen kaum anders, sofern es nicht die eigene Qualifikation betrifft. Manch einer gesteht das unverblümt ein. So äußerte ein Biologiedidaktikprofessor, als ich ihn auf eine Veröffentlichung von mir in der ZfDN ansprach: „Du glaubst doch nicht, dass ich das lese."
Gerd von Wahlert pointierte solche Einstellung gern mit folgendem Dialog: „Herr Kollege, haben Sie schon meine neueste Veröffentlichung gelesen?" „Nein danke, ich schreibe selber!"

Am Problem dranbleiben: *Albert Einstein* urteilt über sich: "It is not that I'm so smart, it's just that I stay with a problem longer!" Viele Weisheiten der Älteren ergeben sich nicht augenblicklich, sondern durch lang dauernde und zähe Auseinandersetzung mit dem Gegenstand (man beachte die Bedeutung des Worts). Deshalb: Halten Sie gegen eigene und fremde Widerstände durch.

Lernende und Biologie wertschätzen: Im Mittelpunkt soll das Biologielernen der Menschen stehen. Wir sollten daher stets die auf Biologie bezogene Bildung im Blick haben.[135] Eine Arbeitsgruppe des MNU hat nach Vorarbeiten einen Vorschlag gemacht, wie auf Naturwissenschaft bezogene Bildung aussehen sollte.[136]
Was sollen wir also tun? Mein Schluss lautet 1979 wie heute: „Unverdrossen Biologiedidaktik betreiben, und nichts als dies!"

---

[135] Gebhard, U. (2016). Wozu Biologieunterricht? – Biologie und Bildung. In U. Gebhard & M. Hammann (Hrsg.), *Lehr- und Lernforschung in der Biologiedidaktik. Band 7* (S. 13-22). Innsbruck: Studienverlag.

Kattmann, U. (2003). „Vom Blatt zum Planeten" – Scientific Literacy und kumulatives Lernen im Biologieunterricht und darüber hinaus. In B. Moschner, H. Kiper & U. Kattmann (Hrsg.), *Pisa 2000 als Herausforderung* (S. 115-137). Baltmannsweiler: Schneider Hohengehren.

Schaefer, G. (Hrsg.). (2007). *Allgemeinbildung durch Naturwissenschaft. Mit Ergänzung.* Köln: GDNÄ.

[136] Eisner, B., Kattmann, U., Kremer, M., Langlet, J., Plappert, D. & Ralle, B. (2017). *Gemeinsamer Referenzrahmen für Naturwissenschaften (GeRRN)*. (2. Auflage). Neuss: Klaus Seeberger.

Anhang

Liste der Tagungen der Sektion Biologiedidaktik und der Berichtsbände

Biologielehrer-Ausbildung. Marina Wendtorf 1977
G. Eulefeld & D. Rodi (Hrsg.). (1978). *Biologie-Lehrerausbildung*. Köln: Aulis.

Biologiedidaktik als Wissenschaft. Bad Boll 1979
D. Rodi & E. W. Bauer (Hrsg.). (1980). *Biologiedidaktik als Wissenschaft.* Köln: Aulis.

Biologieunterricht, Lehrpläne, Didaktische Modelle und ihre Realisierung. Hofgeismar 1981
R. Hedewig & D. Rodi (Hrsg.). (1982). *Biologielehrpläne und ihre Realisierung.* Köln: Aulis.

Empirische Forschung und fächerübergreifende Inhalte des Biologieunterrichts. Berlin 1983
R. Hedewig & L. Staeck (Hrsg.). (1984). *Biologieunterricht in der Diskussion.* Köln: Aulis.

Biologieunterricht außerhalb des Schulgebäudes. Loccum 1985
R. Hedewig & J. Knoll (Hrsg.). (1986). *Biologieunterricht außerhalb des Schulgebäudes.* Köln: Aulis.

Biologieunterricht und Ethik. Iserlohn 1987
R. Hedewig & W. Stichmann (Hrsg.). (1988). *Biologieunterricht und Ethik.* Köln: Aulis.

Methoden des Biologieunterrichts. Herrsching 1989
W. Killermann & L. Staeck (Hrsg.). (1990). *Methoden des Biologieunterrichts.* Köln: Aulis.

Sprache und Verstehen im Biologieunterricht.
Bad Zwischenahn 1991
H. Entrich & L. Staeck (Hrsg.). (1992). *Sprache und Verstehen im Biologieunterricht.* Alsbach: Leuchtturm.

Interdisziplinäre Themenbereiche und Projekte im Biologieunterricht. Ludwigsfelde 1993
H. Bayrhuber, K. Etschenberg, K.-H. Gehlhaar, O. Grönke, R. Klee, H. Kühnemund & J. Mayer (Hrsg.). (1994). *Interdisziplinäre Themenbereiche und Projekte im Biologieunterricht.* Kiel: IPN.

Biologieunterricht und Lebenswirklichkeit. Weilburg 1995
H. Bayrhuber, U. Gebhard, K.-H. Gehlhaar, D. Graf, H. Gropengießer, U. Kattmann, R. Klee & J. C. Schletter (Hrsg.). (1997). *Biologieunterricht und Lebenswirklichkeit.* Kiel: IPN.

Biologie und Bildung. Essen 1997
H. Bayrhuber, K. Etschenberg, U. Gebhard, K.-H. Gehlhaar, R. Hedewig, M. Hesse, S. Klautke, R. Klee, J. Mayer, M. Prenzel, E. G. Schmidt (Hrsg.). (1998). *Biologie und Bildung.* Kiel: IPN.

Lernen im Biologieunterricht. Salzburg 1999
H. Bayrhuber & U. Unterbruner (Hrsg.). (2000). *Lehren & Lernen im Biologieunterricht.* Innsbruck: Studienverlag.

Biowissenschaften in Schule und Öffentlichkeit. Rendsburg 2001
R. Klee & H. Bayrhuber (Hrsg.). (2002). *Lehr- und Lernforschung in der Biologiedidaktik. Band 1.* Innsbruck: Studienverlag.

Entwicklung von Wissen und Kompetenzen im Biologieunterricht. Berlin 2003
R. Klee, A. Sandmann & H. Vogt (Hrsg.). (2005). *Lehr- und Lernforschung in der Biologiedidaktik. Band 2.* Innsbruck: Studienverlag.

Bildungsstandards Biologie. Bielefeld 2005
H. Vogt & A. Upmeier zu Belzen (Hrsg.). (2007). *Bildungsstandards – Kompetenzerwerb.* Aachen: Shaker.

Ausbildung und Professionalisierung von Lehrkräften. Essen 2007
U. Harms & A. Sandmann (Hrsg.). (2008). *Lehr- und Lernforschung in der Biologiedidaktik. Band 3.* Innsbruck: Studienverlag.

Heterogenität erfassen – individuell fördern im Biologieunterricht. Kiel 2009
U. Harms & I. Mackensen-Friedrichs (Hrsg.). (2010). *Lehr- und Lernforschung in der Biologiedidaktik. Band 4.* Innsbruck: Studienverlag.

Didaktik der Biologie – Ortsbestimmung und Perspektiven. Bayreuth 2011
U. Harms & F. X. Bogner (Hrsg.). (2012). *Lehr- und Lernforschung in der Biologiedidaktik. Band 5.* Innsbruck: Studienverlag.

Theorie, Empirie und Praxis. Kassel 2013
M. Hammann, J. Mayer & N. Wellnitz (Hrsg.). (2015). *Lehr- und Lernforschung in der Biologiedidaktik. Band 6.* Innsbruck: Studienverlag.

Bildung durch Biologieunterricht. Hamburg 2015
U. Gebhard & M. Hammann (Hrsg.). (2016). *Lehr- und Lernforschung in der Biologiedidaktik. Band 7.* Innsbruck: Studienverlag.

Biologiedidaktik als Wissenschaft. Halle 2017
M. Hammann & M. Lindner (Hrsg.). (2018). *Lehr- und Lernforschung in der Biologiedidaktik. Band 8.* Innsbruck: Studienverlag.

Namensverzeichnis

Bildnachweise

Roland Hedewig: *S. 86, 87, 88, 101, 105, 106, 113, 122, 149*; Günther Jacobsen: *S. 43, 60, 76;* Ulrich Kattmann: *S. 10, 15, 17, 20, 22, 23, 48, 71, 137, 140, 150, 153, 159, 175, 195;* Johannes Müller: *S. 103, 107;* Wolfgang Palm: *S. 179;* Pressestelle Universität Oldenburg: *S. 161, 163;* Ferdinand Rüther: *S. 36, 38*; Wiesław Stawiński: *S. 102;* Jörg Zabel *S. 112*

Angaben zum Autor

Homepage:
http://www.staff.uni-oldenburg.de/ulrich.kattmann/

Wikipedia:
https://de.wikipedia.org/wiki/Ulrich_Kattmann

Researchgate:

https://www.researchgate.net/profile/Ulrich_Kattmann